馔
工厂

语言的突破

[美]戴尔·卡耐基 著
亦言 译

中国友谊出版公司

图书在版编目（CIP）数据

语言的突破 ／ （美）卡耐基（Carnegie,D.）著；亦言译. -- 北京：中国友谊出版公司，2013.10（2019.12重印）
ISBN 978-7-5057-3230-8

Ⅰ．①语… Ⅱ．①卡… ②亦… Ⅲ．①演讲学－通俗读物 Ⅳ．①H019-49

中国版本图书馆CIP数据核字(2013)第164957号

书名	语言的突破
作者	[美] 戴尔·卡耐基
译者	亦言
出版	中国友谊出版公司
发行	中国友谊出版公司
经销	新华书店
印刷	北京中科印刷有限公司
规格	889×1194毫米　32开 7.5印张　163千字
版次	2013年10月第1版
印次	2019年12月第8次印刷
书号	ISBN 978-7-5057-3230-8
定价	39.80元
地址	北京市朝阳区西坝河南里17号楼
邮编	100028
电话	(010) 64678009

版权所有，翻版必究
如发现印装质量问题，可联系调换
电话　(010) 59799930-601

目录

原　序 /01

第一篇　沟通的基本原则

第一章　成功沟通的基本原则 /003

第二章　培养演讲者的自信 /017

第三章　突破沟通的捷径 /031

第二篇　最受欢迎的沟通技巧

第一章　做好充足的准备 /045

第二章　让语言充满活力 /062

第三章　与听众一起分享 /071

第三篇　如何成功发表演讲

第一章　鼓舞式演讲 /089

第二章　通告式演讲 /107

第三章　说服性演讲 /123

第四篇 沟通的语言艺术

第一章 掌握高效的沟通技巧 /147

第二章 沟通时的态度 /152

第三章 演讲是沟通的艺术 /157

第五篇 实现语言的突破

第一章 介绍演讲者、颁奖与领奖 /167

第二章 如何安排长时间演讲 /180

第三章 把语言的突破付诸实践 /203

附录 卡耐基的成功之道 /215

原 序

1933年,我开始对纽约商业界的人士进行一项培训。起初,我只设置了演讲课程。设置这类课程的目的,是为了运用实践经验,来训练他们在商业谈判中清楚、有效地表达己方观点的能力。

几年以前,在"卡耐基基金会"的赞助之下,我们进行了一次调查研究,并有一项重要发现,这项发现日后又为"卡耐基技术研究院"的研究所证实。调查资料表明:一个人的事业是否成功,有15%取决于他自己的智商,而其余85%则取决于他的表达能力,也就是他处理人际关系的能力、说话的技巧以及说服他人的能力。

在日常生活中,每个人都难免要与他人交往。从某种意义上来说,一个人的生活历程乃是他的交际活动的总和。我们只需支出25美元到50美元周薪,就能够雇到各种各样的专门人才,这种人才永远是供大于求的。但在社会上,真正缺少的是那些有主见、能说服别人、能率领团队迈向成功的人。约翰·洛克菲勒有过这么一句话:"与人相处的本事,假若像糖和咖啡等商品一样随便都可以买到，我愿意为这种本事付出最大的代价。"

在演讲培训课程开讲以前，我做过一项调查，让人们说出自己参加培训的原因，以及期望从演讲培训课程中学到些什么。调查结果让我很惊讶，很多人的需要与愿望都极为相近。他们说："当人们要求我起身说话的时候，我感到不自然，很惧怕，这使得我冷静不下来，不能集中精神，不清楚自己究竟想表达什么。我期望有当众讲话的自信心，能够泰然自若地表达自己，并且心情放松地思考，能够富于逻辑地梳理自己的想法，在公众或社交场合侃侃而谈，既富有哲理又能令人折服。"

我确信自己能够让每一个参与培训的人士，都获得他所期望获得的东西。但是，受训者在我的培训中，首先要做到的一点是：必须把自己投入未来的形象设计之中，而后努力让其变成现实。哈佛大学最具声望的心理学教授威廉·詹姆士说过："假如你足够关心某项工作，你准能完成它。假如你希望干得出色，你就能干得出色。假如你想致富，你便能致富。假如你想见多识广，你便一定能见多识广。唯有如此，你才能真正地专注于你的目标，而不会把心力浪费在其他不相干的杂事上。"

掌握轻松自如地当众讲话的技巧，就算你很少有机会做公开演说，也能够从中获益。目前，你必须随时留心自己的目标，在你当众演说的时候，保持积极乐观的心态。将你的想法体现在每个单词、每个句子上面。

《语言的突破》是我关于演讲培训课程的唯一教科书。这本书不是按照通常规律写作的，而是像孩子一般成长起来的。它来自大量的调查研究，是从若干人的演讲经验中总结而成的。

萧伯纳说过："假若你迫使别人去做某件事，他永远不会认认真真地把它做好。"学习靠自觉。你要想掌握这本书所说的方法，就应当寻找各种运用这些方法的机会。如果你仅仅是简单地接受书中的观点，那么你会很快忘记它的真正内涵。知识只有通过实践，才会变得有价值。

第一篇

沟通的基本原则

第一章　成功沟通的基本原则

1912年,"泰坦尼克"号沉没于北大西洋,同一年,我开始创立公共演讲课程。到如今,已经有75万多人从这门课程毕业。

在首期卡耐基培训班开课前的示范会上,人们有机会当众讲出报名参加这个班的原因,以及期待在培训中有些什么收获。答案各不相同,但绝大多数人的答案中都有一个基本需求,即期待核心惊人地一致:"当我当众讲话时,我会害羞和窘迫,致使思维混乱,注意力集中不起来,竟致忘了自己将要表达的主题。我希望重获自信,保持镇定,学会站着想问题。我要学会理顺思路并让其符合逻辑。我希望自己在公众面前讲话时,思路清晰、有说服力。"

这些话听起来,你也许觉得有些耳熟,甚至有过切身感受。那么,你是否也拥有这样的愿望——在公众场合谈吐得体,表现出非凡的口才,使自己的表达更加有说服力?

我相信,你也有这种想法。因为你已经开始翻阅本书,这说明你对怎样成功演讲有所期盼。

如果你愿意开口和我当面谈话,我想你会询问我:"卡耐基先生,您认为当我站着面对一大群人时,我会有足够的自信流畅地演讲吗?"

我毕生几乎都在鼓励人们战胜惧怕,树立勇气和自信心。如果将学员在我的课堂上发生的奇迹写成故事,已经能够编写成许多本书了。但我以为,这不是问题的关键所在。如果你能掌握并坚持运用我这本书中所提及的原则和建议,那么,我相信你准能成功。

你是否有过这种令人尴尬的经历:当你起身面对听众时,不能像坐着面对他们时那样顺利地思考。站着面对听众演讲,你的身体常常不听使唤地发抖。这种局面令人十分沮丧,然而它是完全可以改变的。经过培训和练习,你将不会怯场并重获信心。

本书将会帮你实现这一目标。它不像传统教科书那样教你说话的技巧,也不是分析发音过程及其清晰度的生理学课本。它是我对培训人们成功演讲经验所做的总结。你要做的就是通力合作,照书中所提供的办法,持之以恒地实践它。

为了帮助你尽量理解本书主旨,并且迅速将其吸收利用,我为你提供了下面四个阅读"路标"。

激发自己的勇气

能力是无关紧要的,没有人天生就是演讲家。在历史上,公共演讲曾被视作一种高雅的艺术,对修辞和表述是否准确非常讲究。那个时候,想成为一个为大家公认的有天赋的公共演说家并不是一件容易的事情。如今，公共演讲已经成为大范围的交谈方式，那种夸饰的作风和浑厚的声音已经变成历史。我们经常在宴会、厨房或电视广播里听到别人斩钉截铁的讲话，这些讲话是从日常生活中构思出来的，它们力求传达这样一种感觉：演讲者是在与我们平等交流，而不是居高临下地向我们灌输。

不管大多数学校的教科书持什么观点，公共演讲终归不能被当作一门封闭的艺术，要掌握它用不着长年累月地练习发声并卖力地学习晦涩难懂的修辞学理论。我的执教生涯向人们证明了：公开讲话其实并不难；同时，我还向大家提供了一些便捷的建议。1912年当我在纽约基督教青年会大街125号授课时，我同我的第一批学员一样对演讲是知之甚少的。那时，我是按照自己在密苏里沃伦斯堡大学授课的方法开展教学的。但是，我很快发现这种方法不合适。我所培训的是商业界人士，并非大学一年级的新生。把韦伯斯特、布克、皮特和康奈尔作为他们学习、效仿的榜样，没有任何作用。我的学员急需的是，有勇气在商务会议上做一个清晰顺畅的报告。不久后，我扔掉了教科书，径直走上讲台，用实例来给学员们做讲解，并同学员们共同训练演讲，直到他们能做出一个令人折服的报告。我发现自己的方法是有效的。他们中的很多人，日后又不断地回到我的课堂学习更多的东西。

我希望你能够去我家或是全球各地的代理机构办公室，去亲眼看看那么多的感谢信。这些感谢信有来自工业界领袖的，他们常常出现在《纽约时报》和《华尔街日报》的商业版面上；有来自州长和国会议员的；有来自大学校长的；也有来自娱乐界明星的。这些信件中，还有数万封是来自妇女、矿工、教师、经理、工人（包括熟练的和不熟练的）、协会成员、大学生和职业女性等名不见经传（即便在他们生活的社区）的男女。他们都想增强自信，都希望自己在公众场合的言论能被认可。

写到这里，在我的数以万计的学员中，我想到了一个人。当时，他的事例给了我很深的印象。

此人名叫根特，是加利福尼亚州的成功商人。很多年以前，在刚参加了我的讲座后不多久，他邀请我共进午餐。他对我说："我以前尽量避免在各种集会上讲话，但如今我是一所大学的理事会主席，我不得不主持这个理事会的会议。您觉得我这把年龄还能学会演讲吗？"很多学员的身上都发生过类似的情况，我让他相信自己。

大约3年后，我们再次在"制造业工人俱乐部"一起吃午餐。还是当初的那个餐厅，那张餐桌。当我问他我的预言是否正确，提醒他回忆一下3年前我们的谈话时，他笑着拿出一个红皮小笔记本。翻开这本笔记，上面记录的是一份有关此后几个月内的演讲安排清单。"在公众场合发表演讲的能力，和从演讲之中体验到的愉悦，以及我对这个社会的额外贡献，是我一生中最自豪的事情。"他坦言。

令人惊讶的远远不止这些。根特先生自豪地向我讲述了他最得意的一件事。他所在的教会曾经邀请英国首相前来费城演讲，而根特先生就是当时这位极少来美国的英国首相演讲时的主持人。

很难想象正是这个人，3年前还在自我怀疑是否有能力在公众场所说话！

再举另外一个例子——

一天，大卫·古特瑞奇先生（古特瑞奇公司董事局主席）来到我的办公室。他告诉我说："我每次演讲时，都会因为羞怯而变得口舌僵硬，一直都这样。身为董事局主席，我不得不主持会议。多年以来，我和董事局的全体成员处得非常融洽。当我们坐着的时候交流会十分顺畅，可当我站起来的那一刻，我会惧怕得几乎说不出一句话。我不太相信你有本事改变我，因为问题很严重，根深蒂固。"

我说："您要是觉得我没有能力帮助您，为什么来找我？"

他说："我有一个会计师，为人特别腼腆，他每天上班时，都得经过我的办公室。这些年来，他每天都是盯着自己的脚尖走过我的办公室的，不说一句话。最近他却像换了个人似的，昂首挺胸地走到我的办公室前，和我打招呼：'早上好啊，古特瑞奇先生。'那神态，洋溢着自信。他的变化让我深感震惊。有一天，我问起他：'是什么好事儿让你这么气宇轩昂？'他告诉我，他听过你的课。因为我亲眼看见了这个男人奇迹般的转变，所以到你这里来了！"

我对古特瑞奇先生说，如果他能定期来听我的讲座并遵照我的建议去做，我保证几个星期之内，他就能够在别人的面前谈吐自如了。

于是，他对我说："要是可以的话，那我将是这个国家里最幸运的人了。"

古特瑞奇先生报名参加了我的培训课。

3个月之后，我邀请他参加在阿瑟特饭店大厅举行的有3000多人出席的聚会，让他用自己的经历告诉人们他从这门课程中所得到的收获。很遗憾，由于此前已经答应了另一场演讲，他没有时间赴约。第二天，他打电话给我说："我已经辞掉了先前的邀请；若是不来参加你的演讲，我会感到不安。我会告诉在场的听众这门课程教给了我什么，用我自己的改变来鼓舞大家克服心里的恐惧！"

演讲前，我只让他讲两分钟，可面对着3000多名听众，他兴致勃发地讲了11分钟。

在我的讲座上，发生过成千上万的类似奇迹。这门课程彻底地改变了那些学员，他们中不少人的改变是他们从前想象不到的，有的学员在日后飞黄腾达。这种改变的动力，有时只是由于一些关键的谈话。再来听听马里奥·劳泽的故事吧——

若干年前，一封从古巴寄来的电报放在了我的办公桌上。上面写着："你要是不回复我的电报，我将不来纽约参加演讲培训。"落款是"马里奥·劳泽"。这个人是谁呢？我前思后想，都觉得未曾听说过此人。

当马里奥·劳泽先生来到纽约时，他对我说："哈瓦那乡村俱乐部正准备为其创建者庆祝50岁生日，而我将要在晚会上为创建者颁发银质奖杯并发表演说。但遗憾的是，虽然我是牧师，但我从来没有在公共场合演讲过。如果这次演讲失败的话，我和我的夫人在社交场合就站不住脚了。这让我很担心，因为失败的话，甚至会降低我事务所的信誉。这就是我从遥远的古巴赶来向您求助的原因。我仅有3周的时间。"

在这3周里，我把马里奥·劳泽安插到各班，每天演讲3至4次。3周后，在哈瓦那乡村俱乐部那场重要的聚会上，他的演讲超乎寻常地出色。《时代》杂志将其当成国际新闻进行报道,说马里奥·劳泽拥有一副"铁嘴钢牙"。

这是传说吗?对,这就是传说,是人们在20世纪战胜惧怕心理的伟大事迹。

树立理想

每逢公共场合,根特先生都能充满激情地发挥他刚学到的演讲技巧。他向我描绘了当时的心境,我知道他收获的正是我一直所坚守的某种要素(它比其他任何一种要素都更有作用),正是这种要素助他走向成功。根特先生遵循了我的指导,并信心百倍地践行。然而,我更加确信他之所以这样做,是出于内心的信念和渴望。这使得他坚信自己一定能成为一位成功的演说家。他对未来充满了信心,并努力付诸实践。这也正是你目前要做的事情。

首先,你要集中精力培养自信心和决断力。具备它们,你将在社交中大有收获,你将拥有更好的人际关系、更融洽的社交氛围和更显要的地位,并最终获得成功。

阿连曾是国家现金注册公司董事局主席和联合国教科文组织主席,他撰写了一篇题为《口才与商界领袖》的文章。这篇文章刊登在《演讲季刊》上。他这样写道:"纵观商业竞争的历史,许多人正是由于演讲出色而崭露头角。多年前,某个年轻人发表过一次堪称完美的演讲。当时,他是堪萨斯州分公司主管,如今他已当上了公司的销售副总裁。"后来,我听说这位副总裁最终成为国家现金注册公司董事局主席。谁都不曾预料到,一场演说竟然带来了革命性的改变。

美国思弗公司董事长亨利·布莱斯顿曾经是我的学员。他说："能与别人或合作伙伴进行友好沟通，将有助于个人的事业。"

试想，能站起身来自信地发表演说，同听众分享自己的所思所想，而给你的回报不只是满足和欣喜！在多次巡游全球的经验中，我发现没有比用语言来吸引听众更能让自己受益的了。一位毕业学员说："演讲刚开始的两分钟，我总是开不了口；而结束前的两分钟，要让我停下来更难。"

现在请想象你正作为一个被邀请公开演讲的人，想象自己满怀信心地走上演讲台，讲堂里鸦雀无声；你的听众为你倾倒，始终跟随着你的思路；走下演讲台之后，你听到了雷鸣般的掌声；会后，你听到听众对你的交口称赞。相信我，这感觉好似魔法一般，将带给你最大程度的欣喜。

威廉·詹姆士是哈佛大学最杰出的心理学教授。他所说过的六句话可能会给你带来深刻的启示。

拥有这六句话，你就像喊出了咒语"芝麻开门"，勇气会像阿里巴巴的宝藏一样陡然为你所拥有。威廉·詹姆士说："不管干什么事情，都要有激情。如果你对结果十分在意，你必然会得偿所愿。如果你希望自己变得优秀，那么，毫无疑问你会优秀起来。如果你希望自己变得富有，那么，你最终会跻身于富人的行列。如果你希望自己博学多才，那么你必将成为才华横溢的学者。同时，你需要做的是脚踏实地、专心致志地投身于你的这些理想，不能将心思用到别的不相干的事情上。"

同陈旧的演说技巧相比，掌握成功演说的诀窍将会给你带来更多益处。这项培训能够激发你的自信心。一旦你发现自己竟然也能在听众面前雄辩滔滔，就会有自信与他人单独交流。参加成功演说培训班的学员，往往怯于交际。后来他们能够站在同学面前演说，而天并没有塌下来时，才明白当初的腼腆和害羞是多么不可理解。接着，当他们学会从容面对任何情况之后，他们的家人、朋友、客户或顾客、委托人，就会对他们刮目相看。如同根特先生那样，很多学员都是从周围朋友对自己态度的改变中得到了鼓励和启发。人们的某些性格会受到演讲培训的影响，当然并不会在身上立刻表现出来，这是一个潜移默化的过程。不久前，我曾咨询过美国医学会前主席、亚特兰大的外科医生大卫·奥曼博士，问他关于公共演说训练会给人在生理和心理上带来什么益处。他微微一笑，给我开了个处方，上面写道："这种药在药店买不到，仅为自己所有；不要错误地认为自己没有。"

在我的办公桌上也放着一个处方，跟奥曼博士的药方异曲同工，每每读上一遍，我都觉得受益匪浅。下面是它的全文：

    学会让自己的想法、心情被别人理解。当面对个人、集体、公众时，学会将自己的思想和见解清晰、顺畅地表达出来。只要你不断地去尝试和努力，最终你会让人印象深刻。

这个药方会从各个方面给你带来益处。当你学会与人沟通时，你的信心得到了增强，同时你的性格也会变得更加温和，优秀的一面也会更充分地表现出来。也就是说你会拥有状况良好的情感和一个更加健康的身体。在现代社会，公共演说是为公众服务的。它对一个人最终会产生什么样的效果，这点我并不清楚。因为我仅知道他人的经验。但是，公共演说确实是对健康有益的，这点我十分确信。我的个人经验是：当你能够面对几个人或者更多的人发表演说，在此之后你会做得越来越好。你会越来越有激情，并逐渐知道自己是独立完整的。其他任何感觉都无法替代这种体验。

这些感觉太棒了，没有任何药物能够带给我们这么美妙的体验。我所说的第二"路标"是要你胸怀远大理想，要你信任自己能够当众成功地演说。不要忘记威廉·詹姆士所说的话："只要你对结果非常关心，你肯定能够达到你的目的。"

成功生涯设计

在一个电视节目中，主持人问我学过的最重要的课程是什么，并让我用三句话总结出来。我回答道："人类的思想是最关键的。只要我能知道你内心是怎么想的，我就可以完全地认识你，因为你的思考使你跟其他人不同。如果我们改变了自己的思想，那么我们自身也会随之改变。"

如今，既然你已经弄清楚了演讲培训的目标，即增强自信心和培养交际能力，那么，你就要积极地（而不是消极地）思考你努力之后能否获得成功。你必须乐观，然后才能在众人面前努力表现自己。要从每一个单词、每一个动作开始提高自己的演讲水平。

使自己的演讲让人眼前一亮是一种挑战，你必须要执着坚持自己的理想。让我们来看看一个故事，它生动地说明了这种执着的必要性。

一个普通职员平步青云,在管理层一路晋升,演绎了一段商界传奇。然而,当他还是一个大学生的时候,第一次站起来回答问题时却十分失败,回答得语无伦次、不知所云。有一次,教师让同学们做一个5分钟演说。演讲时他面色苍白,很狼狈,还没讲到一半就慌忙地逃离了演讲台。

这个青年学生没有从此一蹶不振,之后他卧薪尝胆,发誓要成为一名优秀的演讲家。他努力奋斗,数十年如一日,最终进入美国联邦政府,成为高级经济顾问,受到了所有人的尊敬。这个青年就是克莱伦斯·兰德尔。在他的一本颇具哲理性的著作《自由的信念》中这样写道:"如果计算我一生演讲所取得的成绩,从左袖口到右袖口可以摆满我的奖章。我曾出席制造业协会的午宴,进出于商业协会、旋转俱乐部、基金筹措会、男生校友会以及其他团体。有一次我在密歇根州斯堪纳做一个爱国主义的演说,居然把自己说服了去参加第一次世界大战。我和米奇·尼在慈善捐助款项问题上针锋相对;同哈佛大学校长詹姆士·布莱特·克南特和芝加哥大学的罗伯特·赫臣就教育问题激烈地辩论。我甚至曾用并不熟练的法语进行过正餐后的演说。

"我只是用听众更容易接受的方法说他们想听到的东西。一个商界精英会很容易地学会我的这种能力,只要他愿意去学。"

我十分同意兰德尔先生的观点。要想成为一位优秀的演说家,关键是要怀有对成功的强烈愿望。如果别人能感受到你的这种愿望,那么我几乎可以肯定地说你的交际能力已经有了很大的进步。

在美国中西部地区,我有一位建筑工人出身的学员。在一次演讲前,他精心准备了一夜,然后满怀信心地说自己一定会成为全美建筑业协会的发言人。当时他并不认为自己是在吹牛。他唯一的理想就是周游美国,告诉所有人他在事业上取得的成功以及所面对的困难。他就是乔·哈斯迪科,他使得自己事业有成。我真替他那无比的诚挚感到自豪。他想学习评述时政,关心地方福利,更关心国家政策。他执着地追求自己的理想,每次演讲都认真地准备,无论工作多么繁忙,也不曾缺课。他进步之快甚至连自己都不敢相信,仅仅两个月时间他就成为全班最优秀的学员之一,后来他当上了全美建筑业协会主席。

当年恺撒统帅古罗马军队从高卢出发横渡英吉利海峡最后登陆英格兰,他是如何让自己的军队具备必胜的信心的呢?他的方法充满智慧:他将自己的军队扎营于多佛港口的悬崖上,将所有船只统统烧毁,然后让士兵从200英尺的悬崖上俯瞰汹涌的波涛,亲眼看见这一切。士兵们破釜沉舟、已无退路,唯一能做的就是冲锋陷阵、击败敌人。

这便是恺撒大帝精神的精髓所在。为什么不学习这种必胜的信念,以战胜在众人面前讲话的畏惧心理呢?我们要把身后的门关上,不给自己留后路,这样才能使自己更为积极。

争取每一次实践机会

我以前在基督教青年会所教课程的讲义已经被我修改得面目全非,自己都认不出来了。因为每年都要往讲义里加入新的想法,删去过时的内容。这门课程始终贯穿着一项基本原则:每位学员必须站起来面对同学演说至少一次，而一般人都是两次。为什么要这样做呢？一个人不可能站在岸上学会游泳，同样，要想学会演说，就必须在公共场合练习说话。即使饱览所有与演说相关的书籍（包括本书），你仍然学不会泰然自若地讲话。本书只是教你演说的技能，而你必须将所有建议付诸实践，才能达到理想的效果。

当乔治·波拿德·肖被问及怎样做到在公共场合出色地演说时，他回答道："就如同初学滑冰一般，不断地摔跤，直到习以为常。"

肖可能是当时伦敦城里最害羞的人之一。他每次都要在泰晤士河岸上徘徊至少 20 分钟才能鼓足勇气去敲门。他坦言："极少有人像我这样为自己的胆怯所烦恼，更少有人为此烦恼得简直快要疯狂。"

终于他找到了一个又简单而又有效的办法来克服自身的畏惧心理，并决定将这个缺点转变为自身的强项。他加入了一个热衷于辩论的圈子，参加伦敦的公开辩论会，每一次都跟人踊跃辩论。他积极参与社会活动，四处奔走。最终，他成为 20 世纪上半叶最有自信、最受大众注目的雄辩家之一。

每个人周围都充满了各种演讲的机会。参与各种社团活动，志愿成为政府部门的发言人，做好随时参加民间集会的准备，甚至仅仅是对某个提议发表赞许，为学校的周末班授课。尝试着像侦察员一样时刻准备着，一有机会，便毫不迟疑地加入演说的队伍。留心一下周围的环境，就会发现几乎全部社会的、商业的、政治的业内活动（甚至是邻居的鸡毛蒜皮的小事）都在向你发出挑战：挺身而出吧，大声地说出你的想法！你想了解自己究竟有什么潜能，那就勇敢地表达出来吧！

一位年纪轻轻的执行官对我说过:"这些我都清楚,但我对于烦闷的学习过程中总是望而却步。"

"烦闷?"我回答道,"忘掉烦闷吧!只要有征服的精神,就一点儿也不会感觉到烦闷。"

"什么是征服精神?"他问。

"冒险的精神!"我回答道。我还对他说,成功的公开演说还会改变孤僻的性格。

"我想试试,我愿意接受这一冒险的挑战。"他说。

当你阅读这本书,并随时将这些"路标"付诸实际行动,也就是接受了这一冒险的挑战。你将看到在这个冒险活动之中,引领着你前进的是自己的决断力和想象力,它将会完全改变你的一生。

第二章　培养演讲者的自信

"卡耐基先生，5年前我到过您开办演说课程的酒店，可是在会议室的门口却止步不前了，因为我清楚，一旦我推开门走进去，就必须得作一次演说。就在我握住门把手准备进屋时，却迟疑了一下，然后，我仓皇地逃走。要是当时我知道您战胜畏惧心理的办法这么容易，我决不会5年后才来参加。"

这些发自肺腑的话不是说话者坐在桌旁与人闲聊时的言语，而是面对着近200名听众时所做的演说。

那是我在纽约开设培训课程的一届毕业典礼上，演说者的镇定自若和充满自信令我印象深刻。我相信，此人培养的表达能力和自信心会使他的演说更有光彩。看到他成功地战胜了畏惧，作为老师，我十分欣慰。然而，如果这个人在五年前或者更早的十年前就做到了这一点，他会拥有更不一般的成就，更丰富多彩的生活。爱默生曾说过："世界上最让人难堪的便是畏惧。"如今，我对这句话有了越来越深刻的感受。正因如此，我更要感谢这句话，因为我已帮助人们克服了畏惧。刚开始讲课时，我自己都不知道这门课程将会成功地帮助人们战胜畏惧和不自信的心理。如今我已经认识到，学习当众演说是克服畏惧、培养勇气和自信心的基本方法。因为公开演说时我们需要控制住自己内心的胆怯。根据多年的教学经验，我总结了一些方法，它们能够帮你在几周之内克服畏惧，树立起自信心。

克服畏惧心理

事实一：怯场的不光是你一个！高等院校调查统计表明，在全部选修演说课程的学生当中，大多数学生在刚开课时都为怯场而烦恼。依我个人之见，在参与我的演讲培训的成年人之中，几乎所有人都怯场！

事实二：程度适当的怯场心理对于演讲者来说是有好处的！这是一种自然疗法，帮助人们应对出乎意料的挑战。所以，当你发现自己呼吸急促、心跳加速时，不必担心。这表明你的身体对于外界刺激是敏感的，并且它正在做着应对这一刺激的准备。如果能对这一生理准备过程（应急状态）很好地控制和利用，那么你的思维会更为敏捷，表达会更为顺畅，演讲的表现力将从整体上得到提高，这一切只能在应急状态下做到。

事实三：很多专业演说家的经验是：他们从来没有完全消除怯场心理。在演说前，甚至在刚开始的几秒钟内都是处在怯场状态中。可以说，这些人就像心系赛场的赛马，为了梦想他们必须刻苦训练。"要像南瓜一样冷静（泰然处之）"，往往是指他们的脸皮要同南瓜皮那么厚，而内心却要像南瓜瓤一样富含激情。

事实四：怯场主要是因为你还没有适应在公共场合说话。《思想的来源》的作者罗宾逊教授曾说过："无知和不确定的畸形表现便是畏惧。"对于绝大多数人来讲，公共演说是他们很少接触的未知领域，这肯定会使人产生焦虑和畏惧的心理。对于一个初学者，学习公共演说比学习开车和打乒乓球还难以找到状态。要想快速地找到状态，只有一个方法：不断地练习！

同无数的演讲的先行者那样，你将发现，一次成功的经验将使得公共演说成为一种个人的快乐，而非折磨。

阿尔波特·爱德华·维根是一位杰出的演讲家和心理医生，他当年战胜胆怯的故事非常有说服力。高中的时候，维根每当想起要站起来做一个5分钟的演讲时，就感到痛苦不堪。他是这样写的：

那个日子慢慢临近，我是真的害病了。每当想起那噩梦一般的作业，我就感到血往头上涌，脸上火辣辣的，痛得我只好跑到学校教学楼后面，把脸贴在冰凉的砖墙上使它不至于太热。甚至后来上了大学，这方面我还没有一点点的改进。

记得曾经有一次演讲时，我刚刚开了一个头："亚当和杰斐逊是……"接着脑子里马上就乱作一团，意识也朦朦胧胧。我绞尽脑汁，大声说了句："亚当和杰斐逊已经与世长辞了……"然后便一个字也讲不出来了，索性低头一鞠躬，拉长脸走回自己的座位，场内响起热烈的掌声。校长说："爱德华，我们对于这个坏消息感到十分震惊,大家节哀吧!"话音刚落,全场一片哗然。那种体验可真是生不如死,为这件事我病了好些天。

能存活下来算是大幸了,从此,我唯一的梦想就是做一名公共演讲家。

走出大学的第一年,我来到多佛。那时,银币自由铸造事件引起的政治风波正处在一片浪潮中。一天,我看到了一份银币自由铸造主义者的宣传手册,看到了布莱恩及其追随者所开的空头支票。我非常气愤,于是卖掉手表凑够路费回到家乡印第安纳州。一回到家乡,我立即志愿为银币自由铸造主义者四处演讲。很多听众都是我的高中同学。演讲刚开始,有关那个"亚当和杰斐逊"的演说回忆几乎让我不能开口,这几乎又将引发另外一个笑话。但正如昌西·德平所说的那样,听众和我一起忍受了那个让人头痛的开场白,正是这个不值一提的成功极大地鼓励了我。我原本打算自己要演讲15分钟,但出乎意料的是,短暂的演讲竟变成长达1小时30分钟的长篇演说。

在随后的几年里,我出乎意料地从一讲话就头痛到成为一位职业演讲家。

我终于体会到了威廉·詹姆士所讲的"使成功成为惯性"的含义。

事实正是如此,阿尔波特·爱德华·维根发现了克服恐惧的简便方法,这是从一次成功的演说开始的。

要有勇气在公共场所开口讲话，就要尽力控制住自己的恐惧，并一步步地提升自己的演说水平。

即便由于怯场而让心理失去控制，造成思维混乱、谈吐不清、不能克制地颤抖，以致严重损害了演说的效果，你也不要丧气。这些现象发生在演讲初学者身上是很正常的。

只要你愿意通过努力把怯场心理降到最低，它就会变成有利的因素。

充分的准备

多年以前，一位杰出的政府高官在纽约旋转俱乐部的午餐会上，就他所在部门的工作情况对公众进行了一番演讲。

很明显，事先他没有为这次演讲做充分的准备。刚开始，他即兴开了个头，觉得很失败，便又从兜里掏出一把破破烂烂的小纸条。他整理了一会儿这些纸条，整个过程显得更为尴尬。时间一分一秒地过去，他越来越感觉到慌乱和不知所措。他不停地道歉，企图以此掩饰自己慌乱的内心，甚至端杯子时手都在颤抖。这种场面是演讲者被畏惧打倒的真实写照，它是由于演讲者缺乏准备。最终他还是回到自己的座位上，这是我所见过的最为失败的演讲。他的这番让自己丢尽颜面的表现正如卢梭那句关于写情书的戏言：刚开始不知道自己该说什么，写完之后又记不清楚自己都说了些什么。

从1912年开始，每年评估5000次演说成为我的职责。评估演说的经验给了我一门非常有意义的课程——《演讲只将自信心奖赏给有准备的头脑》。带着破烂不堪的武器，或者还未装弹药的武器，就不能战胜恐惧。林肯说过："假如我没有准备，也一定会遭遇尴尬。"

如果你想树立和提高自信心，为演说进行充分的准备能保证演说的成功。那你还在犹豫什么呢？耶稣的使徒约翰说过："完美的爱能赶跑恐惧。"完美的准备也能够做到这一点。丹尼尔·韦伯说："毫无准备地去演说，就好像自己上半身没有穿衣服地站在听众前面。"

建议一：切不要死记硬背演说稿

演说要"准备充分"，但绝不是要让你将演讲稿背熟！很多演讲者为了不怯场而养成了死记硬背的坏习惯。

一旦养成这种愚笨的习惯，演讲者不知不觉就会被演讲稿约束住。花大量的时间在背诵演讲稿上，在演说的现场往往会造成相反的效果。

全美新闻评论员协会主席卡特·博恩还在哈佛大学念书时，参加过一次演说比赛。他要演说的内容是一则题为《绅士万岁》的短篇故事。他一字不漏地把底稿背得滚瓜烂熟，并一遍又一遍地练习。在比赛时，他刚大声地背诵出题目"绅士万岁"便卡住了。他开始忐忑不安，只好照着自己的思路来演说以救场。当他获知自己得到一等奖时，他觉得十分不可思议。从那个时候开始，卡特·博恩再也不事先阅读或背诵演说稿了。这一点也成为他在播音行业获取成功的秘诀。他对听众的点评或者交谈都那么自然，就是因为不事先打草稿。

经常有人把要说的事提前写下来背诵，这不仅浪费时间，往往还会弄巧成拙。我们一生之中说的所有话都应该是自然流露的，而不是把时间和精力都花费在经营词句上面。我们一直都在思考，只要我们的思维清晰，我们说话就会像呼吸一样自然轻松。

即便是温斯顿·丘吉尔也尝尽了背诵演讲词之苦。在他年轻时，也会事先把演说内容写下来背熟。一次，他在英国议会上发表一个演说时当场卡壳。背熟的内容忽然间全都记不起来了，大脑里一片空白，十分尴尬。他不得不又说了一遍刚讲过的话，脸憋得通红但依旧想不起来后面的内容，只得重新坐下。从那之后，他再也不做事先背诵演说稿这种愚蠢的事了！

如果我们一字一句地背诵，就很可能在对着听众演讲时突然忘得一干二净，即使能记起来，我们的演说也很可能十分机械，索然无味。因为这种演说并不是发自内心的，而仅是在表现我们的记忆力。当我们进行私人谈话时，一般都是先想一想要说什么，然后开门见山而不是去经营词句。我们一生之中都是这样与别人说话的，这一习惯还是不要改变的好。假如我们像万斯·布什奈尔那样事前把要说的话写下来背熟，那我们也会像他那样遭遇尴尬的。

万斯从巴黎比尤克斯艺术学院毕业，之后成为世界知名保险公司之一的布氏人身保险协会的副总裁。几年前，他曾受邀出席一个由全美2000名布氏人身保险代表参加的会议，会议设在西弗吉尼亚州的白柳泉饭店。万斯被要求演讲。当时，他作为保险业的一匹黑马，资历甚浅，但由于业绩好，被安排了20分钟的演讲。

万斯十分痛快地接受了邀请，他感到非常荣幸。他觉得这个演说将会带给他荣誉。然而不幸的是，他将演说内容写下来后又开始颇费脑筋地去记忆。他至少在镜子前排练了40余次：每个短语、每个动作甚至每个神态。直到一切都熟练，他胸有成竹。

但是，他刚一开始演讲，便感到怯场了。他说："这个计划中我的任务是……"后面就怎么也说不下去了。他慌张得往后退了两步，企图重新理顺记忆。可接着他再次卡壳。于是他又往后退了两步，打算重整旗鼓。直至第三次后退，他仍然不能继续。讲台大约四英尺高，后面没有栏杆，离墙大概五英尺的距离。因此当他第四次往后退时便摔到了讲台的下边。

现场的代表先是惊讶接着一片哗然，甚至还有人笑得从椅子上翻下来，滚到走廊上。这个搞笑的表演被写入布氏人身保险协会历史。当时的听众一直都不知道真相，以为这是事先安排好的演出。保险协会的老人们到现在还有人说起万斯当年的幽默剧。

但对万斯先生来说，那是他生命之中最难堪的时刻，他觉得非常丢人，便向协会提出辞职。万斯的上司并没有批准，而是想办法帮他重树自信。

几年之后，他成为这个协会里最优秀的演讲者之一，再也不去背演说稿了。让我们吸取万斯的教训吧。经常会有人企图将演讲词背熟，可他们却从来不知道扔掉那些戏弄人的废纸，只有这样才会使演说变得更加自然、更富人情味。当然，没有底稿可能记不住所有的要点，甚至可能没有主题，像流水账，但至少富有了人情味。

林肯曾说过："我不喜欢事前做准备好的布道。在神父布道时，我喜欢他那好像挥赶着嘤嘤嗡嗡的蜜蜂的丰富手势。"林肯其实是说，他希望演讲者改掉乏味、一成不变的风格，变得满腔激情。要是演说者是在背诵草稿，那他的手势绝不会如同挥赶蜜蜂那么丰富多彩。

建议二：事先做好准备

那么，到底怎样才算是充分的准备呢？其实并不难：

回忆那些指导你怎么让生活珍贵的人生经验，你会发现很多以前没有注意到的想法和观念，它们零碎地散落在你的记忆中，你需要将它们整理出来，真正有意义的准备是认真思考演说的主题。查尔斯·雷纳德·布朗博士曾多次在耶鲁大学发表过精彩的演说。有一次他在演讲中说道："仔细揣摩你的主题，然后将要点大致勾勒在纸片上。你将看到逻辑会很容易将纸片上好像毫无联系的语言整理在一起。"这样就容易多了。我们只需要认真地思考某个目标就可以了。

建议三：在朋友面前排练

当你对演讲的逻辑顺序有了把握之后，还需要彩排一下。这个方法简单易行，而且还能产生不错的效果。当你面对朋友的时候，将你演说内容里的一些观点作为谈资与朋友闲聊。把以前与朋友经常谈到的话题暂搁一边，或者坐在饭桌旁边探过身去问："乔，知道吗？我有个特别的经历。我很想跟你谈谈！"

乔很可能会津津有味地听你说故事，而你可以讲一些他感兴趣的话题（也许会有价值）。他可能压根儿不知道你在彩排你的演讲，但这并不重要，重要的是他很有可能会说他非常喜欢这次聊天。

阿兰·奈文斯是一位杰出的历史学家，他曾经提出过类似的建议："找一个对这个话题感兴趣的朋友，尽可能多地讨论这一话题。这能帮助你查缺补漏。"

做好成功的准备

在第一章我们曾说过，这句话在整体上是说在接受公共演说训练时所必需持有的正确态度。它一样适合你现在面对的特殊任务：把握每一个机会去讲述你成功的经验。

下面有三条建议帮助你：

建议一：融入演说的主题

在确定主题之后，有计划地编排，并通过和朋友交谈来排练。至此，你的准备工作并没有结束。你首先必须要明确演说主题的重要性，并且还要具备为成功而拼搏的精神：相信自己。怎样才能让别人信服你的演说？你需要仔细揣摩所有措辞，挖掘主题的内涵，并且想清楚将怎样让听众沉浸到自己的演说中去。

建议二：忘记那些令你担心的负面因素

害怕自己会有语法错误或在演说中忽然卡壳等，肯定不利于你的演说，在演说开始前就会让你失去信心。你必须在演说前就将注意力从自己身上挪到别人身上，这样可以帮你避免怯场。

建议三：激励自己

每一位演讲者都有对演讲主题不确定和不自信的时候。他不能肯定这个话题对自己是否合适，听众们会不会对它感兴趣。为这个，他经常忍不住去更改主题。当类似的情况发生时，这些负面因素很可能会完全击垮你的自信心，你可以用和自己说话的方法来为自己加油鼓劲儿。直截了当地大声告诉自己：这个主题最合适你不过了，因为它出自你的经验，出自你对人生的感悟。你要对自己说：你比在场的所有人都有资格发表关于这个话题的演说。也许这种精神胜利法没有什么新意，可现代实验心理学也认可：通过自我暗示激励自己是实现快速学习的最好的方法之一，即使这种暗示仅仅是假想的。那么，真实、诚恳的自我鼓励一定能产生出更为强大的作用。

充满信心地表演

美国知名心理学家威廉·詹姆士曾这样说过：

行为看起来跟随在感情之后，事实上二者是密切联系在一起的。我们的意识直接控制行为，通过对行为的调整我们可以间接地调整感情，但感情本身是不直接受意识控制的。

因此，一旦我们自身感到不高兴时，最好的自我调节方法是假装兴高采烈的样子，在动作表情上都表现出很愉快的样子。要是这样仍不能让你快乐起来，那基本上已经没有其他办法了。因此，你可以尝试做出一副勇敢的样子，专心致志地去做，那么勇气很有可能会战胜畏惧。

为什么不把詹姆士教授的建议化为实际行动呢？要在面对观众时充满信心，你需要鼓足勇气。当然，事先也要准备充分，否则只有勇气也无济于事。假如你确定了演讲的内容，那么就快速地走上台去，同时深呼吸以稳定情绪。实际上，站在台上面对观众深呼吸20秒，你会得到大量的新鲜氧气，使你精神百倍，同时还能让你充满自信。卓越的男高音歌唱家琼·罗斯柯过去经常说："当你吸入的氧气足够使你站在台上时，担忧也就自然而然消失不见了！"

抬头挺胸，正视听众的眼睛，然后理直气壮地讲话，让人感觉好像你是在场每个人的债主。想象他们全都向你借了钱，想象他们现在正忐忑不安地请求你宽松几天。这一强烈的心理暗示将对你有帮助。

假如你认为这种精神胜利法不能奏效，那么你可以先跟一些人聊几分钟来检验一下。这些人比你更早受益于本书所传达的方法。

假如你没有机会跟他们交流，那么你可以听听一个美国人的故事，此人已经成为勇气的象征。他曾经也跟你一样胆怯。通过练习自我暗示，他变成了勇士。这个人便是美国总统西奥多·罗斯福，一个挥动大棒、控制舆论的人。

在自传中他是这样说自己的：

> 长久以来，我一直觉得自己不健康。作为一个年轻人，我天生敏感并对自己毫无自信。我只能在肉体和精神上对自己进行痛苦的训练。值得庆幸的是，我成功地得到转变。
>
> 小时候，马里亚特的书总能深深震撼我的灵魂。我曾在他的书上读到过这么一段，说的是一艘英国小军舰的舰长给主人公讲的如何克服内心恐惧的故事。他说对

于一件事，任何人在刚开始时都会担心害怕，但这个时候他必须要硬着头皮勇敢地往下做，至少要假装什么都不怕。过了这个阶段之后，他会发现当初假装出来的勇敢成了现实。通过自我鼓励，他从担心害怕的胆小鬼变得无所畏惧。

　　这便是我的信条。任何事物，不论是狗熊、烈马还是持枪歹徒，刚开始都会让我害怕。但我假装勇敢，渐渐地，恐惧就真的不见了。这个方法对任何人都适用。

　　战胜对公共演说的恐惧将会为我们的命运带来重大转折。那些接受挑战的人会因此认为自己实际上比想象中的更为出色。他们认为，成功克服当众演讲的畏惧感使得他们超越自我，从而走向更为丰富精彩的人生阶段。

　　一位商人曾这样写道：

　　　　经过几次面对全班同学演说之后，我认为自己可以应对任何人。某天上午，我来到一家非常难对付的代理销售商的门前，在被他拒绝之前，我早就理直气壮地在桌上摆满了样品。后来，在他那里我签到了之前从未签过的最大一笔订单。

　　一个家庭妇女这样给我述说她的经验：

　　　　一直以来我都不太敢邀请邻居来家里做客，因为我害怕同她们的交谈会由于我的胆怯而中断。通过几期课程的学习之后，我在自己家举办了一次非常成功的宴会。我很容易就做到了用自己的话题引起大家的兴趣。

来自毕业班的一个职员说：

  我不敢面对顾客，他们对我的看法让我很害羞。经过同全班同学的几次交谈之后，我说话开始充满信心，也愈发有气势。渐渐地我开始以权威的姿态应对不同意见的辩论。尝试当着全班演说后的第一个月，我的销售额就比往常增加了45%。

上面几位都发现战胜恐惧和胆怯是如此轻松，一般情况下不能完成的事，而今做起来却十分顺手。这些人通过公共演说树立了自信心，也正因如此，才更能勇敢地面对生活的每一天。从未有过的成就感使他们不畏惧生活中的艰难险阻，相信你也可以做到。那些让你狼狈不堪的情景，都将从此成为你平淡生活中具有挑战意味的激励。

第三章　突破沟通的捷径

白天我很少看电视。但前几天,一个朋友推荐我收看一档收视率极高、关于家庭主妇的午后节目。他对我说我不管怎样一定要收看,因为我一定会对节目现场的观众感兴趣。我看了几期节目之后就被深深地吸引住了,尤其欣赏主持人的做法,他使得每一个节目参与者都有机会发言。那些观众显然不是什么职业演讲家,也从未接受过沟通能力的专门培训,他们中间甚至有人会犯语法上的错误,但他们的确十分有趣。他们开口对着镜头说话时丝毫不紧张,相反却说得非常轻松自如。

他们究竟是怎样做到如此的坦然?我深知其中的答案,并且多年来我一直使用它来培训我的学员。作为一个身份普通的演讲者,他们确实吸引了观众的注意力,他们本身就是演说故事中的主人公,他们回忆一次次尴尬或者美好的情景,其中包括与爱人首次相遇的经过。在他们那里,一点也没有像引言、正文以及总结等教科书上的结构;连遣词造句、语法文风都无须在意。然而他们聚精会神于要讲的故事,正是这一点吸引着全国的观众。我

认为,公共演说的捷径有三项原则:

一、要述说自己的亲身经历或者自己思考过的事情。

二、要对自己选择的话题充满热情。

三、要努力使观众同你产生共鸣。

讲你所熟悉的事情

这些人在节目里生动具体地说故事,使节目变得好看,因为故事的主角正是他们自己,他们了解自己的故事并深有体会。试想,假如让他们解释共产主义的含义或联合国的组织或制度,那这个节目该是多么的无趣。然而在宴会上人们还经常出这种错误。他们往往选一个他们不甚了解、花时间也很少甚至平时根本不关心的事情作为话题。他们随意开一个话头,像什么民主、正义、爱国主义,他们还会狂翻如语录、演讲手册之类的工具书,然后挖空心思地回忆大学时政治课上讲的一些大道理并将其含糊其词地堆放在一起,话题因此显得沉闷冗长。这些演说者根本不清楚吸引听众的是事实本身,而恰恰是这些事实印证了那些空洞无味的理论概念。

几年之前,卡耐基训练班的教师们曾经在希尔顿大酒店召开了一次会议。会上一个学员用这样的话开头:

自由、平等、博爱,是人类最仁慈的词语。没有了自由,生命便没有了意义。试想一下,假如你完全没有了自由,你将用什么去生活?

培训班的老师明智地打断了他的演说。教师问他,你凭什么说服自己相信以上所说的话,你能不能拿出证据或者让亲身经历来证实所言不假呢?于是接下来他讲述了一个让我们震撼的故事。

他曾经是一名法国的地下战士,连家人也都受他牵连,受尽了纳粹的欺凌和迫害。他为我们诉说了他们一家人是怎样机智地对付了秘密警察的严密盘查并最终到达美国的。最后,他说:

如今,我走过密歇根大街来到这儿,我随便进出。我经过警察身边,他也不盯着我。我进入这家饭店,不用出示身份证。会议结束之后,我能够去芝加哥的其他任何地方。相信我吧,自由,值得我们为其战斗!

他话音刚落,全场起立,随之响起雷鸣般的掌声。

建议一:说出自己对生活的理解

只要讲述自己对生活的感悟都是引人入胜的。但从经验上看,演说者很难弄懂这个道理,因为他们通常觉得个人的经历是琐碎和自我的。他们宁可费尽心思找些放之四海而皆准的概念和哲学道理。但那些大而不当的东西只会给听众催眠。就好像我们正期望着晚报上有见地的新闻,他却放上一篇普遍适用的没有任何新意的社论。我们并不是不想听社论,但得看是谁说的,如果作者是编辑或者报纸的经理还差不多。所以你还是说你自己对生活的感悟吧,这些才是我们希望听到的。

据说爱默生总是愿意倾听任何人的诉说,无论对方地位多么卑微,他认为自己总能够从周围的人身上得到些收获。"恐怕没有一个西方人能比我所听过的倾诉要多了,而且我可以明确地说,只要是他在说自己对生活的感悟,我从来都是兴致勃勃地听着,无论内容有多么琐碎。"

有关这一点,我需要补充说明一下。几年前,我们的一位教师开设了专门针对纽约市立银行高级职员的公共演说培训课程。这个班的学员由于忙于公务,没有时间充分地准备演说,或者根本就没有信心去做准备,他们从来都习惯于站在自己的角度上观察而思考。40多年的经验为他们提供了丰富的演说资源,可是他们自己却不知道好好地利用。

某个周五,一位同上级银行有来往的先生,我们暂且叫他杰克逊好了,看到已经有40多个同学到场,而他还没有确定演说的主题。来上课的路上,他在路边的书报摊买了一本《福布斯》杂志,然后乘坐地铁来美国联邦储备银行所在的大楼上课。在杂志上他读到一篇题为《你只有十年时间去成功》的文章。他并不十分喜欢这篇文章,但他的课程要求他必须得说些什么。

一个小时之后,他站起身演讲,企图将这篇文章的内容引人入胜地说给在场的同学听。结果在意料之中。他没有时间去充分领悟自己想要说的内容。而且他也仅仅是"想要说"那些内容。他所演说的内容没有实质性的东西,而是一种宣泄,他的神态和语调表明了这一点。他自己对话题尚未有深入的了解、认识和体会,怎么能指望听众比他更加印象深刻呢?他一直在引用原文,说作者说了些什么。演说完的结果是听众对《福布斯》杂志印象深刻，很遗憾，人们对杰克逊和他的演说本身的印象却很模糊。

演讲完后，培训班的教师提醒他说："杰克逊先生，我们对那篇文章的作者并不感兴趣，因为他既不在场，也不与我们相识。我们所希望了解的是你本人以及你自己的想法。说出你自己的想法，不用去管别人怎么说。你自己的演讲应该有你自己的内容，下周仍旧是这个话题，为我们再来一次吧。再读一读那篇文章，看看你是否真的同意他的观点。如果同意，那么就换成你自己的角度和经验来解释一遍；如果你不同意，那就说出你的理由。将这篇文章引申开来，其他内容用你自己的经历和观点去展开。"

杰克逊重新读了那篇文章，结果发现自己完全不能认同作者的观点。他在记忆中寻找证据，来支持自己与其不同的观点，并利用自己多年银行部门主管的经验来提出论点。第二周，再次轮到他演说时，他的观念和想法因他的个人经验变得十分丰富合理。他没有将那篇文章重新照本宣科地为我们复述一遍，而是通过自己的经历和语言表达自己的见解。可想而知，这前后的两次演说，哪一个更能打动人心！

建议二：在自己的知识里寻找主题

由于一次偶然的情况，应学员们的恳请，培训班的老师在纸条上写下他们觉得初学者可能面对的最大困难。统计完这些纸条后我们发现，刚开始培训班课程时，教师们最常面对的难题是引领初学者找到合适的话题。

到底何种话题是合适的话题呢？回忆你的生活经历以及知识背景，将这些具体的东西升华为文字的理论，就是你所适合的主题。让思绪回到记忆里去，寻找那些曾为你的生活带来意义并且让你印象深刻的事情。几年前,我们曾经专门调查过哪些话题会吸引听众的注意,发现其中最有吸引力的几个话题都是有关个人的特殊背景的。例如:

(1)儿时成长经历。与家庭生活、童年往事、学校环境相关的题材,肯定能够引人入胜。因为我们所想听到的,总是别人在成长历程中是怎样去面对和战胜困难的。

不管在什么情况下,都要尽力把童年生活添加到演说中。你还可以引用妇孺皆知的戏剧、影视和故事及人们早年遭遇的一些烦恼。怎么去确定他人对我们的童年时代有没有兴趣呢?我们可以这样去衡量:假如一件事情对你来说经久难忘,回忆起来仍历历在目,那么毫无疑问,听众也同样乐意听到。

(2)自己曾经的奋斗历史。这种经历说起来充满着人文关怀。比如,回望自己曾为理想而奋斗的事迹;你曾经在特殊行业的工作经历;你是怎样经历波折坎坷并最终成就了自己的事业。告诉听众在如今日益激烈的竞争中,为了向目标前进,你所对付的困难、你的理想和最终达到的成功。真实展现一个人的成长历程是最有把握的话题。

(3)个人的兴趣和娱乐。这方面的话题每个人都不同,所以显得多姿多彩,也是很好的话题。说说仅仅出于爱好而去做的事情,也是很有把握的。讲述一些发自内心所喜爱的东西,会让你有激情。

(4)特定的文化背景。特定行业的工作经历会让你成为这方面的专家。即便聊的只是自己的工作,以及你工作的经验和体会,听者也会富有兴趣并聚精会神。

（5）特别的经历。你同某位大明星会过面吗？你是否经历过枪林弹雨、体验过生死只在一瞬间的时刻？你的一生中有沮丧到了极限的时刻吗？这些都是极好的演说题材。

（6）信仰与信念。你曾聚精会神地思考：对当今世界所面对的形势，自己应当持有什么样的态度。你曾对一件事十分地重视，并花费了大量的精力去思索，你当然有资格去谈论它。然而，在讲述它时，不要忘了举例来证实你的信念。听众不喜欢陈词滥调来应付整个演说。不能用顺手摘下的报纸杂志上的论点以填补你的内容。自知听众更在行的话题，则尽量少说。反之，假如这个话题本来就是你多年来所研究的，那它便是个绝佳的好题材。

有关演说的准备工作，不仅仅是在纸上列出要点或大段地背诵，也不是让你从报纸杂志上拼凑个二手文章出来。那要怎么做呢？要从自己内心深处寻找信念。不用担心寻找不到，信念就在自己心里，追根溯源，你自然可以将其挖掘出来。也不必担心这些太私人的问题有失博大、太过琐碎，会使听众昏昏欲睡。实际上，只有这样的演说才让观众感动和高兴，比我听过的任何职业演说家的作品都好。

只有说熟悉的事才能让自己感兴趣，让你真正融入话题当中，找到公共演说的捷径！

谈自己感兴趣的话题

并不只有我们有资格探讨的话题才能引起大家的兴趣，比如说，我是一个事必躬亲的人，那么我的确有资格谈论怎样刷盘子。

但令人费解的是，对这个题目我并不感兴趣，因为刷盘子这种事情我从来都没有留意过。而那些家庭主妇同我正好相反，她们对这个话题会谈论得津津有味。可能是一辈子刷不完的盘子常令她们恼怒，抑或她们因发现了处理这烦人家务的新方法而格外高兴。不管是什么原因，她们乐于探讨这类话题。所以对于她们，刷盘子的话题也是非常生动有趣的。

你必须面临的问题是：自己认为合适的话题是否适合集体探讨？如果有反对意见提出来，你能否满怀自信地应付自如？答案如果是肯定的，那你的话题就选择得很完美了。

1926年，我出席了在瑞士日内瓦举办的国际联盟第七次大会，并做了会议记录。最近，我无意中又看到这些记录。在此节选其中一段：

> 几个拿着稿子照本宣科的人把气氛弄得十分沉闷，之后，加拿大的乔治·沃思德爵士上台演讲。我留意到他并没有携带任何草稿或纸条，自然对他另眼相看。
>
> 他常利用手势，聚精会神地演说。他真诚地希望听众能明白他正在谈论的观点，也发自内心地希望听众能为自己的信念所感染，这一切就像窗外的日内瓦湖那样显而易见。他为我在公共演说教学上一直所提倡的那些原则，起到很好的示范作用。

我时常回想起乔治爵士的演说及他真诚的态度。只有你对话题充满真情，这种诚意才会通过你的态度自然地流露出来。菲舍

尔主教是美国最有影响力的演说家,他从早年的生活中领悟出这个道理。他在《过充满意义的生活》一书里回忆道:

我曾入选校辩论队。在"圣母玛利亚辩论赛"的前一天夜里,我们的辩论教导员把我叫到办公室里劈头盖脸地大骂一顿。

"你真是个蠢货!你真的算是我们建校以来上最差劲的演说者了!"

我很委屈,问道:"既然我是这样一个蠢货,为什么还选择我加入辩论队?"

他说:"挑选你是由于你的思想,而绝不是你的演讲水平有多高。去角落里,试试找一段演说词讲出来。"

我被那一小段演说词折腾了一个钟头,最后,他问:"明白问题出在哪里了吗?""没有。"我回答道。于是,又是一个钟头,两个钟头,两个半钟头。终于,我几近崩溃。他继续问道:"仍旧没有找到吗?"

我说:"我明白了,我在演说时并不真诚,根本就是三心二意,我的演说没有真实情感。"经过这两个半钟头后,我终于灵光一现。

这是菲舍尔主教终生难忘的一课,即怎样将真实情感投入讲演。自此,他开始更为关注自己所要演说的题材。

我们班上有学员对我说:"我对任何事都没有兴趣,我的生活一团糟。"此时,训练有素的教师就会问他,你平常都干些什么呢？他们的回答自然各式各样，有些人常常看电影；有些人打保龄球；有些人则在花园里种植玫瑰；还有一位学员平常收集关于火柴的书籍。教师抓住这一点，开始问他有关这个与众不同的兴趣的问题，而他也逐渐有了兴趣，口若悬河地述说他的经历。他两只手翻来覆去地比画着，描述自己搜集和存放这些书籍的书房。他告诉老师，他的收藏中几乎涵盖了世界各地火柴的文献资料。可以看到，他对自己的这个话题兴趣十足，他自然而然地激动起来，最后教师中止了他的话题，说道："演讲时你为什么不说说这些事儿呢？在我看来这太有趣了。"这位学员说，他从未想到会有人认为他的喜好有意思！这位学员花费多年的精力追求这一兴趣，应该说已经到了疯狂的地步，可他却不认为这个主题适合演说，并且否认了它的价值，认为其微不足道。于是，教师恳切地告诉他，检验一个话题能否拿来演说的唯一方法，就是问问演说者自己对这个话题究竟有多么感兴趣。于是，他以一个收藏大师的姿态高谈阔论了一晚上，充分显示了他对这个话题的偏爱和熟悉。我还听说，之后，他去当地的各式午餐俱乐部演说关于对火柴书籍的搜集，得到了当地很多人士的赞同和尊重。

对于那些盼望快速学会当众演说的人来说，上面的例子正好证实了这一准则。

激起听众的同感

一场演说由三个主要因素构成：演说者、演说词、听众。本章的前两条准则是探讨演说者和演说内容之间的相互关系，到目前为止，我们还未真正谈论到真实演说的场景。实际上，只有当演说者把自己的演说内容同他的听众联系起来之后，演说才算开始。当你准备开口演说时，你也许已经做了相当充分的前期准备，并且你的话题刚好符合听众的口味，要想让这次演说得到真正的成功，我们还需考虑的是让听众认为演说的内容对他们十分有意义，演说者自己要对演说的内容充满热情，还要将同样的热情传递给听众。历史上著名的演说家都具有这种能力，就像一个传递福祉的圣人，给予听众所需要的东西。高明的演说者都充满热情，让听众感受自己的东西，认同自己的观点，去鼓励他们同演说者分享快乐、分担忧愁。演说者必须要以听众为中心，而不能以自我为中心。要知道，演说成败与否并不由他自己决定，而是要看听众内心的反应如何。

在倡导勤俭节约运动期间，我帮美国银行学会纽约分会培训了一批学员，其中一个人刚开始不能跟听众进行心灵和情感的交流。为了帮助他，我们首先采取的策略是让他从内到外对自己的演说话题投入热情。我对他说，先反复地思考题目，直至自己对这个题目有了兴趣。我要他谨记，纽约的"遗嘱公证法庭记录"表明：85％的人离开人世时什么也没剩下；有3.3％的人离世后则留下了10000美元或者更多的财产。我告诉他，与其求人施恩，不如帮他们做以前自以为不能做到的事，要他说："我是帮他们打算，让他们在迟暮之年可以丰衣足食，安享晚年。并让他们的老婆孩子生活有所保障。"我要他记住，他正在从事一项很高尚的社会服务工作，他是一名建设者。

他反复揣度后，这些话语终于在他的脑海里澎湃起来。他开始感到颇有兴趣，充满热情，并真切地感觉到自己身负重任。他四处巡回演说，听众认可并响应了他的信念，同他一道分享勤俭节约带来的益处，这一切都出自他乐于助人的本性。他再也不是个满脑子都是事实的演说机器，他成为一名传教者，投身于有价值的信仰的传播。

在漫长的教学生涯中，我花了相当多的时间来反思培训课程中关于当众演说的艺术和窍门。这些课程是培训教师们把一些经验和知识年复一年地传授给学员，从而让他们的演说不再虚伪浮夸。

记忆犹新的是我参加的第一堂演说训练课。教师让我将两臂轻轻下垂，放于身体两侧，掌心向后，手指自然弯曲，大拇指刚好碰到腿侧。他教我怎样举起手臂，怎样在空中划出优美的曲线，手腕也要优雅地扭转；接着，伸出食指，然后是中指，最后是小指。做完这符合美学标准的整套动作后，手臂要回归原位，重新垂放于大腿两侧。这是一套非常单调蹩脚的美学演示，缺乏演说所需要的激情和真诚。

教师并没有教我怎样把自己的个性融入演说中，也不曾尝试让我像个普通人，激情澎湃地跟听众推心置腹。

请尝试把那些教条的训练方法同本章所介绍的三项主要原则比较一下，就能够看到谁优谁劣。这三项原则，是我演说培训整套方案的核心。在本书接下来的内容中你还将看到这些原则。

第二篇

最受欢迎的沟通技巧

第一章　做好充足的准备

很多年前，一位哲学博士和一个英国海军退役军人在我们设于纽约的一个演说培训班里成为同学。这位博士是大学的教授，一身书卷气，彬彬有礼。那位退役军人是一个小摊贩，粗鲁大方。可让人不解的是，在培训过程中，那个小摊贩演说的魅力却远远胜过这位学者。为什么会这样呢？这位大学教授的演说措辞华丽、姿态优雅，并且语速缓和、语感好，但他的演说缺少了一个基本要素——具体化。他的演说从而沦为空谈。

同他截然不同的是，这个小摊贩惯于开门见山直奔主题，立场明确、表达具体，让人们一目了然。他充满着男人的活力，用词很新鲜，这使得他的演说很吸引听众。我之所以举这个例子，不是为了比较那位大学教授与小摊贩，只是想表明，不管一个人接受过什么程度的正规教育，只要做到语言具体明确，他所说的内容就会有吸引力。

下面介绍使你的语言有吸引力的四个步骤。如果你按照这四个步骤去准备演说，那么你会轻松自如地吸引听众的注意力。

主题不能太过散漫

选定主题后，首先要做的事情是规划演说内容的范围。有个年轻人准备做两分钟的演说，而他所选的题目却是"从公元前500年的雅典到朝鲜战争"，不用说，这个选题糟糕透了！在他刚讲完雅典城的建筑时，就会用完时间而不得不坐回到原位。他原本打算在一次演说中包罗万象，结果却让听众如坠迷雾，不知所云。当然，这个例子比较极端。

以我的经验，很多演说都是由于没有限定好范围，涵盖了太多论点而让听众索然无味。为什么呢？枯燥无味的论点堆叠在一起，很难吸引人的注意力。假如你的演说听起来好像是世界大事年鉴，听众很快会心不在焉。选一个简单像"黄石公园游记"的题目为例，大部分演说者会对公园作一个全面详细的描述，于是，听众被拖拽着头晕目眩地从这一景点飞奔到另外一个景点。直至他说完，听众也只是大概地记着诸如青山、瀑布和喷泉之类。假如他集中描绘其中一个景点，像野生动物或温泉，他的演说一定会给人留下深刻印象！他也有充足的时间详尽地为听众描绘有趣的细节，绚丽多彩的黄石公园也会展现在听众眼前，即使从没有去过的听众，也会因他精彩的语言表达而身临其境。这个准则适合任何话题，不管是推销技巧、蛋糕烘制、税收减免还是炮弹火药。在你演说之前，先要谨慎选择可用的素材，给具体话题一个扩展的界限，并确保不超时。5分钟的演讲中不要指望能说清楚3件以上的事情。即便演说时间长达30分钟，要想表达清楚四五件事情,也是相当冒险的。

丰富你的知识储备

一次蜻蜓点水般浅显的演说,自然比探索事实真面目来得简单。假如你在这时候消极怠工,就不会留给听众深刻的印象,甚至一点印象也没有。规划好演说题目的范围后,还要学会给自己提问,要知己知彼,做好充分的准备,能够用理直气壮的语气报答自己的选题,如:

我知道个中原因是什么?

我在日常生活中何时遇到此种情况并证实过它的正确性?

我准备证明什么?为什么会有这种现象?

回答这些问题时,也是在充分地准备自己的演讲。据说植物学奇才路德·博潘为了培育出一两种顶级的品种而栽植了100万种植物。这对演讲同样适用。为自己所拟定的话题搜寻100种思路,然后放弃掉90种。

"当我事实上只需要一份材料时,我事先会让自己找到10份甚至100份。"一个叫作约翰·肯特的畅销书作家谈到写作或演说的准备时如此说道。

有一次,他用实际行动证实了他的看法。

1956年,他打算写一系列关于精神病院的文章。他四处寻访各地的精神病医院，同院长、护士和患者聊天。我的一位友人曾辅助过他的研究工作，他对我说，医院的大门他们进进出出不知多少次，从这栋楼到那栋楼，天天如此，走了无数的路。而肯特先生也整理了大量的笔记，他的工作间里则放满了政府部门和各州的报告、医院的调查材料和委员会成堆的统计数据。

那位友人跟我说："最后他写了四则短文，简单而生动，是最好的演说素材。那几页文字，或许只有百来克重。但记录着密密麻麻文字的笔记本及其他资料、产出这百来克最终成品的原材料，却肯定有几十公斤的重量。"

肯特先生清楚自己挖掘的是个倾城之宝。他要求自己不遗漏任何一个地方。这方面他干得十分出色。他倾心投入，然后提炼出其中的金砂。一位外科医生说得十分巧妙："我能够在十分钟之内教会你如何做盲肠手术，但要耗费四年时间教会你在临床发现问题时如怎样去应对。"演说同样如此：要准备周到，以防突发事件。比方说，因为上一名演说者的观点同你的观点一样，这个时候，你不得不临场修改自己演说的侧重点，或者是在演说完成后的讨论时间里回答听众的问题。

假如你能尽快选定题目，并且进行了充分的准备，你就有了去追求胜利的动力。千万别拖延到登台的前一两天。假如你尽快选定好了题目，你便可以在潜意识里进行准备。每天工作间歇，你可以深入思索你的话题，推敲你要讲的观点。在驱车回家的路上、等待公交车或者乘坐地铁时，人们习惯听任自己的思维天马行空，这时不妨思考一下你的话题。在这些酝酿的时间里，常常能够把握住稍纵即逝的灵感。越早选择好话题，头脑里便会有越多的时间将它反复锤炼。

诺曼·托马斯是位最杰出的演说家,即便面对他激烈的反驳者,他也能掌控他们的注意力,最终让他们信服自己。他这样说道:

  面对一次关键的演说,演说者要做到同主题合为一体的境界,把内容在大脑里反复地加以揣摩。令他吃惊的是,他发现自己就算在街上散步、看报纸、上床休息或清晨一睁眼,也能找到许多有价值的素材,或者台上应有的神情姿态也都涌现在脑海中。平淡无奇的演说,其源头就是平淡无奇的思考所引起的条件反射,是由于你对主题的理解太粗浅了。

当你身处于此种情境时,演说会对自己产生强烈的吸引力,这时如果人们老是想着将自己要说的话都写下来是行不通的,一旦你把要说的内容都在纸上框定了下来,你就会感到一阵满足,接着就不会再去继续思考。另一种可能的后果是,你会去背诵演说稿。马克·吐温曾对背记讲稿做过这样的评论:

  纸上的文字不能直接拿来演讲,它们是文学化的、不生动的,不利于准确地进行口头上的表达。假如你的演说只是为了让听众满意,而不是说教他们,那么必须要用恰当的分段使之富有张力和口语风格;此外还要把词语改成一般情形下那种可以顺口而出的文字。不然的话,整个屋子的听众都将被你烦死,还谈什么满意?!

查尔斯·吉德利的伟大发明，带动了通用汽车公司的巨大发展。他是美国最杰出、最真诚的演说家之一。当被问及是否事先把演说内容的一部分或全部写下来时，他如此回答道：

我相信，我所要演说的内容由于重要而绝不可以写在纸上。如果一定要写的话，我愿意将自己毕生的所有经验都写在听众的脑海里，刻录在他们的情感里。在我和我要用来感动听众的演说中，讲稿是废纸一张，没有任何存在的必要。

用故事和实例充实演说的内容

鲁道夫·富利奇有一本讲解写作技巧的书，其中一章的开篇语这样写道："只有故事才能给阅读带来快意。"接着他以《时代》《读者文摘》为例，证实这条法则在现实当中的运用。他说，这两份颇有影响力的杂志采用的稿子几乎都是完全叙述性的文字，或者是生动有趣的逸事。

采用故事性的叙述手法，在公共演说中也能颇有效地吸引听众的注意力。诺曼·文森特·皮埃尔的授课，经由电视机和电台的传播而家喻户晓。他说自己最爱用实例证实自己的看法。在一次接受《演讲季刊》记者采访时，他说："根据我的经验，使用真实的事例是演说最有效的方法。它能够使你的观点明确、生动，并具有说服力。"

一般我总是通过使用好几个实例来证明我的一个论点。读过我的作品的人，经常会发现我喜欢使用具体生动的事例来论述我的观点。假如将《友谊的秘密》一书的主旨提取出来，你会发现总共还不足两页纸，而其余几百页的部分则是用以说明主旨的故事和案例，它们能够引领读者有效地将那些原理联系到实际中。

怎样才能掌握运用事例的技巧呢？下面为你介绍五种方法：人情味、有特色、具体化、戏剧性和视觉感。下面就让我们来具体说说这五种方法。

建议一：说话要有人情味

有一次，我让在法国巴黎经商的一群美国企业界人士以"成功之路"为题目发表演说。大部分人仅仅在理论上高谈阔论成功的诀窍，还对努力工作、坚持的精神和宏远志向的价值大谈特谈。

于是，我中途暂停这次培训，说了下面的一番话：

请记住，谁都不愿意听别人说教，演说时要让听众产生愉快的情绪，不然，你说的话将毫无意义。还要知道，世界上最有趣的事情之一，就是趣味十足的名人逸事。因此，请对听众述说你们所认识的两个人不一样的经历，告诉他们为什么其中一个成功了，而另外一人却遭遇失败。这样会引发听众继续听下去的兴趣。而且在他们愉悦之余，还能从你的演说中获得益处。

在那个培训班上，一位学员一直觉得在演说中很难激起自己和听众的兴趣。然而,就在当天晚上,他知道了故事人性化的道理,向我们述说了他的两个大学同学的事例。

其中一个同学天生谨慎小心,他到不同的商店买衬衣,并详尽地制作统计表,用来对比不同衬衣洗熨、抗磨的能力,看看哪件更加经穿,争取让每一块钱都花得有价值。他的时间都花费在计较鸡毛蒜皮的小事上面。大学毕业之后,他眼高手低,不愿像别的毕业生那样从底层的职位干起。三年之后老同学聚会上,我们发现他仍在守株待兔,等着好工作自己送上门来,仅有的成就是他的衬衣洗熨统计表。之后的25年里他愤世嫉俗、怨天尤人,到如今,他还在一个小职位上挣扎。

然后,这个演说者又用另一个同学的成功事迹来作比较:

第二位同学既实现了曾经所有的理想,同时在此基础上获得了更好的成绩。这位同学为人很随和,同大家相处得十分融洽。虽然毕业后他只做了一名绘图员,但有远大志向,有干一番大事业的信念,对此一直在等待机会。当时纽约世界博览会正在筹备之中,他听说那里需要工程人才后,于是便辞掉了费城的工作赶往纽约。在那里他同别人合作一起做工程承包业务。他们承揽了很多电话公司的活。最后,这位同学也由此被"博览会"高薪聘任。

上面所说的仅是该演说者所讲的梗概而已。

在他的陈述之中，还有很多有趣且充满着人情味的细节，让他的演说十分生动有趣。他滔滔不绝地演说着，这个一度因找不着合适素材而在演讲台上站不到3分钟便无话可说的人，等停止演说时，却吃惊地发现，自己竟足足说了10分钟。由于讲得非常出色，连听众们都忘记了时间，都感到意犹未尽。这是他第一次真正的成功演说。

每个人都能从这个故事中得到启示。演说者如果能借助生动有趣的具有人情味的故事，肯定能吸引听众。在演说中应该让要点简单明了，用具体的事例作为主要的材料。这是让听众产生兴趣的良策。

当然，自己生活中的经历才是这种人性化故事取之不尽的资源。不要害怕谈论自己；不要为自己的经历感到害羞而不敢说出来。只有那些自命不凡且轻视别人的人，才真正让人感到反感。你的真诚会得到听众热情的回报。现身说法是演说过程中有力的武器，一定不能忽视。

建议二：通过列举具体的人物和事件来增强演说的可信度

事例中引用真人真事最好要说出姓名。但考虑到故事主人公的隐私及人身安全，仍有必要使用化名。即便你所用的是如同"史密斯先生"或"乔·勃朗"等普通的名字，也比用"这个人"或"某个人"更加形象。姓名具有识别的功能，就像阿道夫·富利奇所说的："没有什么东西能比姓名更能增添故事的真实度了，姓名都没有，还有谁会相信呢？"

试想一下,假如故事里的主角都没名没姓,结果会是怎样?一旦你的演说中提到众多名字和具体的称呼,人们便会相信它有听的价值,因为你的演说已具备了珍贵的、趣味十足的个性化因素。

建议三:通过细节使演说更为充实

说到这里,你会想:"这确实是个好主意,但问题是加入多少细节才够呢?"对此我们可以检验一下。检验的方法是新闻记者在报道新闻时所遵循的"5W 公式":时间(When)?地点(Where)?人物(Who)?事件(What)?原因(Why)?如果你的举证要素也合乎此公式,那么你讲述的故事必然会生动有趣。我从《读者文摘》上摘录一篇有趣的文字来作为例子:

刚走出大学校园的那两年,我在南加州四处奔命,担当铁甲公司的推销员。运货车是我四处奔波的交通工具。有一天,我要乘坐南行的火车离开勒德费尔,离火车启动还有两个小时。因为勒德费尔不在我的推销范围之内,所以我没有权力在那里推销。再有不到一年,我就要去位于纽约的"美国戏剧艺术学院"上学了,我准备利用这两个小时的空闲来锻炼自己的表达能力。在月台上我抬头挺胸,开始表演莎士比亚戏剧《麦克白》中的一幕。我忽地伸出双手,神情夸张地呐喊。"在我面前的是一把匕首吗?它的柄正朝着我!来吧,让我抓住你:我不能握住你,但我一直盯着你呢!"

我正沉浸在自己的表演中,四个警察突然冲向我,问我为何要恐吓妇女。我感到很诧异,惊讶得就好像他们在指控我劫持火车。他们跟我说，百米以外的一个厨房里有个家庭主妇正在窗帘后面透过缝隙看着我，被我刚才的举动吓得要死，于是打电话报警；闻讯而来的警察正好听见我在歇斯底里地跟匕首对话。

我向他们澄清，其实我只是在排演"莎士比亚戏剧"，但直到我掏出铁甲公司的订货簿才摆脱了他们的纠缠。

请留意，这则有趣的小故事是怎么处理"5W"的。自然，太多的枝丫还不如一棵光秃秃的树。人们很厌烦纷杂无序、脱离主题的细节。留心观察，你会看到作者在述说自己在南加州某镇差点被捕的过程时，对于5个W都有简单扼要的介绍。一旦演说中充斥着过于详细的小枝节，听众的注意力肯定会被打乱，许多言论根本不能起任何的作用。演说最严重的失败莫过于被听众漠视。

建议四：利用对话让演说更具戏剧性

假设，你想通过举例子来说明自己是怎样通过与人沟通的技巧，成功地平息了一位顾客的愤怒，可能会如此说道：

几天前，有人怒气冲冲地闯入我的工作室，原因是一星期前他购买的工具已不能使用。我对他保证说："我们会尽心尽力做好售后服务。"过了一会儿，他稳定了自己的情绪。他看到了我们的真心诚意，觉得非常满意。

这个小故事有它的优点：叙述非常详细。但它没有使用人物姓名和让故事真实灵活的对话。我们依照上边的建议改善一下：

上个周二,一个人咣一声撞进我的工作室。我一抬头,看到了查尔斯·波利可萨贝那张因愤怒而扭曲的脸。他是经常购买我们产品的老客户。我正准备请他坐下,他已经发疯似的大声对我咆哮:"艾德,我请你马上派车把你们那倒霉洗衣机搬出我的地下室!"我问他发生了什么事情,这个气愤的人好大一会儿都不能理顺他的语言。

"它根本就不能运转,"他大声吼道,"衣服全部缠在一起,它唯一可以做的就是把我的老婆气得抓狂。"我请他坐下来,解释一下具体的情形。

"我已经耽误上班时间了,没工夫跟你多啰唆,以后不管怎样也甭想让我来买你们这儿的家庭用具。我向你保证,我永远不会犯这么愚蠢的错误了。"他边说边用手拍着桌子。"听着,查尔斯,"我对他说,"只要你坐下来,慢慢把详细情况都告诉我,我保证一切都照你说的去做,这样行吗?"听了这话,他才愿意坐下来,我们最终心平气和地解决了这件事。

并不是每一次演说都能够加入对白。你应该能看到,上面引文中的对话,颇具戏剧效果。如果演说者还有些模仿的天赋,能够再现当事人的语调神情,那效果更是不同凡响。另外,如果所引对话来自平日生活中,那你的演说会更加真实,听众会更为信服。演说者应该给听众这种感觉:就好像是桌子那边的交谈对象。演说者不能像在学会会员前说教的学识渊博的老学究,更不能自认为是大演说家,在话筒前口若悬河。

建议五:示范演说的内容,呈现视觉化的效果

心理学家告诉我们:85%以上的常识是由视觉神经传送到我们大脑的。电视作为一个视觉媒体,广告商如此青睐它,并且所达到的传播效果也得到了他们广泛的认可的原因就在这里。公共演说的效果也是同样的道理,它是听觉艺术与视觉艺术的结合。就内容更为充实丰富的方面来说,最好的方法就是使用视觉刺激。就算你将高尔夫球的挥杆技巧讲解好几个小时,听众仍然会不知所云并且会心烦意乱。假如你站起身来,亲自示范一下如何将球击入球道,听众立马会来了精神。同样,假如你伸直双臂模拟飞机在空中摇摇欲坠的情形,听众肯定会担忧飞机是不是要坠毁了。

由制造业界人士所组成的培训班里有一次演说,让我至今难忘,因为演讲者给听众展示了出色的视觉刺激,效果十分理想。他对效率专家和视察员开了个小玩笑。他模仿这些家伙在检查修理受损机器时的动作,让人忍俊不禁,我在电视上也从来没有看到过这么生动有趣的画面。值得一提的是,视觉效果让人对那场演说时隔多年仍记忆犹新,至少我是如此;我相信,班上其他学生也都难以忘怀并经常提起它。

给你一个好办法,在演讲前问问自己:"如何才能让我的演讲充满视觉刺激?"然后尽可能地去展示,就像对此颇为擅长的中国人所说的一样:百闻不如一见。

用细节打动人

演说者的第一目标就是引起听众的好感。为实现这一目的，把握下面这个几乎被人们忽视的技巧非常关键。对这个技巧，普通的演说者可能从来都没有留意过，可能也没想到过去利用。我所说的技巧就是利用文字在听众脑海里勾勒出画面。成功博得听众青睐的演说者，一定能够在听众心中制造出图像，使听众在倾听中看到它并完全理解。

那些单调、乏味、枯燥的字眼，只能使听众昏昏欲睡如坠云雾。一定要在听众脑海里勾勒出画面、画面、画面！画面给听众的感觉，就好像呼吸氧气一样轻松自如，让它们装点你的演说，你的言语会更加富有趣味和魅力。

阿尔伯特·斯宾萨早在他那篇知名的论文《风格的学问》中说过，美妙的文字可以在读者脑海中制造出画面，他在书中如此写道：

> 我们通常不习惯于抽象思考，而是习惯通过具体形象来思考问题……我们应当尽量不要让句子中出现下面这样的文字：如果一个民族的风俗、本质及生活方式是野蛮未开化的，那么他们的刑罚必定也是残酷的。
>
> 一样的意思，我们这样表达会更为可取：一个国家的人民如果喜好战争、斗牛，并依靠观看奴隶角斗士的玩命厮杀来得到乐趣，那么他们的刑罚也必将残酷如拷

打、炮烙及绞刑。

在莎士比亚的作品中,这样的好例子无处不在,让人读一遍就会有相应的联想。例如,一位普通作家可能会对本已很清楚的事情过度描写,反而是画蛇添足。莎士比亚是怎样描述的呢?

他写下的文字如诗如画、精致美妙:"……给已千锤百炼的纯金镀金,给百合花涂抹颜料,给紫罗兰喷洒香水。"

不知你是否留意过,那些流传千古的格言,几乎都很有画面感。

一鸟在握,强过二鸟在林。
不鸣则已,一鸣惊人。
好马临水不动嘴,主人亦拿它没办法。

而那些我们在今天仍经常使用的古代比喻里,也同样具有画面感:

像狐狸一样狡猾。
僵硬得如同一枚门钉。
呆板得如同薄煎饼。
石头般坚硬。

林肯讲话总是充满画面感。白宫办公桌上每天都会有很多官方文件,这时他如果觉得厌烦,就会提出反对意见。但即便只是提出个反对意见,他的言语也会与众不同,让人难忘。"当我派人去买马时,"他这样说道,"我不会愿意听到他耐心地告诉我这匹马的尾巴上长有多少根毛。我只想了解马的特征。"

你的眼睛看到具体形象的事物,这样才能在脑海里勾勒出栩栩如生的画面,鲜明得就像与夕阳辉映的公鹿的犄角。例如,当人们听见"狗"这个词语时,脑海中就会出现这种动物大致的样子,可能是一只长毛、短腿、耳朵下垂的小猎狗,也可能是一只苏格兰猎狗,一只圣波内犬,或一只波米勒尼亚犬。如果演说者谈到的是"牛头犬"(一种狗,口方、毛短、勇敢、生命力旺盛),你脑海中的图像一定更为清晰具体。

说"一匹黑色雪特兰小驹"要比说"一匹马"更为形象;说"一只白色跛腿矮公鸡"必然比仅仅说一个"鸡"字给你更为准确逼真的印象。小威廉·思特朗在他《风格的要素》中如此写道:"文学家共同的特点是:擅于吸引读者的注意力,叙述详尽、具体、清晰。那些最杰出的作家,像荷马、但丁、莎士比亚等人的过人之处,基本在于他们独特的取材和出色的表达能力。他们的描述能在读者的心中绘出画面。"在这个方面,写作和演说有异曲同工之妙。

很多年前我曾经做过一项测试,测试的对象是"有效演讲"培训班上的学员。我要求他们讲话时要将每一句话表达确切。也就是说,每个句子中都必须包含一个事件,或者一个专有名词、具体数字或日期。测试取得空前成功。

学员们把这项测试当作游戏,相互监督,不让对手出错。很快,学员们不再表达不清,不再让听众觉得如坠云雾,他们的演说变得如同邻里之间的交流那么具体生动。

法国哲学家埃兰曾说过:"抽象的语风并不受欢迎,你的言谈中应充满石头、金属、桌椅、动物、男女等这类具体生动的词汇。"日常交流也是如此。普通的交谈中,也能使用上我们前面所介绍的公共演说中使用细节的窍门。

只有细节才能够让语言熠熠生辉。你若是真心地希望自己的言语具有魅力,那么遵循本章中的建议将使你大获裨益。

销售员如果能够从中受益,他们将发现在推销时,这些建议会带来多么令人惊讶的效果;那些部门主管、家庭妇女以及教师们如果能够从中受益,他们将发现自己的表达能力和传递信息的效果,都会由于细节的魅力而显著增强。

第二章　让语言充满活力

第一次世界大战结束后不久，我在伦敦同罗威尔·托马斯合作。那时他正在发表题为"阿拉伯的劳伦斯"的系列演说，场场听众爆满，非常精彩。一个周日，我散步来到了海德公园大理石拱门入口。在这儿，演说者都可以放心地说出自己不同的宗教信仰、政治倾向，而不用因此负法律责任。我先看到一位天主教徒大肆吹嘘"教皇绝对论"，后来我挤到另一堆人中，是一位社会主义者在谈论对卡尔·马克思的看法，而另一个演说者则在为一夫多妻制辩护！

我走出人堆，再回头看看那三群人，看到一个很有趣的现象，那个吹捧一夫多妻制的家伙，身边的听众寥寥无几。人们逐渐朝另两个演说者的周围聚拢。我很纳闷，难道是人们对他的题目不感兴趣？很快我发现其实并不是这样。仔细观察之后我发现，之所以会发生这种现象是由于那三个演说者本身。大肆鼓吹一夫多妻制的人，看上去却好像对讨个三妻四妾不怎么感兴趣，另两个演说者却有不一样的表现。他们像布道一样虔诚无比，挥舞着双臂、充满激情。

毋庸置疑，信仰让他们看上去光彩熠熠、充满活力。

激情、开朗、活力，我一直认为这是演说者首先必须具备的三个品质。就如同野雁喜欢盘旋在秋天的麦田周围，人群也会围拢在充满活力的演说者身边。

至于如何才能使演说活力四射以不断引起听众的关注，我将奉献给你三条良策，肯定会为你的演说增添光彩。

迫切要表达的话题

本书曾在前面强调了同样的要点：演说者对所选主题要体会深刻。如果连你自己对话题都不感兴趣，又怎么能指望听众会相信你并非发自内心的胡言乱语呢？一旦你亲身体会过所选话题，并对它怀有满腔热情，或者你曾关注过甚至深入思考过演说主题，那么你就不必为害怕自己在演说时不够热情而忧心忡忡了。

二十多年以前，我在纽约训练班上举办了一场演说。演说者的热情使得他的演讲极具说服力，至今还记忆犹新，到现在还没有遇到过如此令人激动的演说。说实在的，我听过数不清的让人由衷佩服的演说，唯独这个演说始终难忘。我将它称为"兰草对山胡桃木灰"的案例，并把它确定为热情打败常理的唯一典范。

这位可称为高手的推销员，工作于纽约一家非常知名的销售公司。他的观点一说出口，立马引起了骚动，他说他不用种子和草根就可以种植出"兰草"。根据他所描述的，他在刚耕过的地沟里撒上山胡桃木的灰烬，瞬间就会生长出兰草！他执着地认为山胡桃木灰有神秘的力量，仅仅由于山胡桃木灰能够催生他所说的兰草。演说完毕后由我来做讲评，我用温和的语气跟他讲，如果他这个神秘的发现真实存在，他将一夜暴富，成为整个纽约最有钱的人。因为每蒲式耳兰草种子要值好几美元。此外，我还告诉他，他会由于这项发现变成人类历史上卓越的科学家。最后我严肃地对他说，不管是在今天还是在过去，还从未有人曾经做到或能够去做到他已经做到的奇迹。也就是说，此前还从来没有过谁厉害到可以用无生命的物质培育出新生命来。

我以平静的态度同他说话，我相信他的错误如此显而易见，观点如此荒诞不经，以至于没有必要把它当作一回事。我点评完后，培训班上的其他学员也都认为他所说的事很荒谬，只有他本人固执己见，甚至片刻的反思都没有。他坚持自己的观点，其赤诚之心没有人能够改变。他立刻站起来坚持认为自己是对的。他的反驳并没有旁征博引，只是老老实实地述说他自己曾经的经历罢了。他非常了解听众的心理，接着说了下去，并逐渐让自己之前的论证丰富起来，展示了更为详细的资料，举出了更充足的证据。他的语气一直都带着真诚，让人信服。

我再度提醒他：他所说的事情十分不符合科学原理。

令我们很意外的是他立刻站起来，要与我打赌，赌注是5美元，并要请来美国农业部专家来裁决。这个时候怪事发生了，许多人被他说服，加入他的阵营里，还有很多人也开始摇摆不定。要是我让在场的学员举手表态，我相信应该会有五成以上的人支持他。我问那些学员为何改变了自己的初衷？他们纷纷说是由于演讲者如此的赤诚，于是他们不禁开始怀疑起自己以常识为基础的观点来。

学员们如此轻易动摇的立场有些让人沮丧，我不得不给农业部写信。我告诉他们，我是厚着脸皮地在问这么一个荒诞至极的问题。不出所料，他们来信说，要让山胡桃木灰中长出兰草或其他生命，是根本不可能的。

另外，他们告知我，他们还收到了一封来自纽约的信件，也问了同样一个问题。原来，那位推销员太过自信自己的看法，于是，回家后立马也去了信。

这件事让我毕生难忘，在它身上我受到了非常重要的启发：

假如演说者坚持一件事，并热诚地表达自己的看法，那么他就能够博得人们的同感，获得人们的支持，即使是他认为自己通过尘土和灰烬凭空得到兰草。如果有了正确的推断，我们所总结归纳出来的观点又正好与真理和常识相符，那么，就能够产生强大的推动力。

差不多所有的演讲者都为自己的选题能否引发听众的兴趣而担忧，要确保他们对你的演说产生兴趣，办法只有一个——自己首先对话题充满热情。这样就不用担心别人对它不感兴趣了。

不久前，在巴尔的摩市的一个演说培训班上，我曾经听见一位学员如此告诫听众：如果听任目前人们在吉桑比克海湾对石鱼的捕捞，不用几年，石鱼便会灭绝。对此主题，他自己的确有十分深刻的体会，一言一语都是真情的流露。实际上，在他刚站起来讲话时，我还真不晓得吉桑比克海湾里有石鱼这种生物。我相信在场大部分学员也同我一样才疏学浅，并且对此话题不感兴趣。然而演说者还没讲完，也许我们已经希望联名提请立法机构对吉桑比克海湾的石鱼加以保护了。

一次，有人问美国驻意大利前大使理查德·吉尔德，怎样成为一位妙趣横生的作家。他是这样回答的："我对生命十分热爱，因此不能做到静止不动。我认为必须对你们说的仅仅是这点而已。"碰上这样的演说者或作家，听众自然而然地就被他吸引住了。

我在伦敦时，有一次去听演讲。演讲结束时，同我们一起的英国知名小说家E.F.本森先生对我们说，相比于这场演说的开头，他更喜欢它的结尾。我问他为何这么说，他回答道："演说者自身对结尾部分好像更感兴趣，而我的兴趣和热情向来都是来自演说者的。"

另一个例子也可以用来说明慎重选题的重要程度。

有个人，我们暂且称他为约翰吧，约翰先生报名参加了我们在华盛顿开设的培训课程。课程开始之初的一天夜里，他演说的主题是介绍美国首都华盛顿。他的素材出自一本当地报社出版的小手册，是临时仓促地拼凑起来的。内容生搬照套，一听就让人感觉断断续续的，枯燥乏味；虽然他长期生活在首都华盛顿，但却不能用自己的切身感受来说清楚他为什么喜爱这里。他旁若无人地在那里低着头背诵大段的材料，味同嚼蜡。人们听着受罪，他自己也说得头痛。

两周以后，一件突如其来的意外让约翰先生痛苦不堪。他的一辆新车停靠在路边，被一辆不知何处飞来的汽车撞得乱七八糟，肇事司机逃得不知影踪，至今都没有找到。这事儿真真正正地发生在自己身上。因此，一说到那辆支离破碎的汽车，他就心痛不已、言辞激愤，愤怒得就像爆发的苏威士火山。在同一个地点，时间仅仅隔了两周，听众的反响却大不一样：他们上次还焦躁地在椅子上坐立不安，如今却对约翰先生的演说报以雷鸣般的掌声。

正如我经常所强调的那样，选好了演讲主题，一只脚就已踏入成功的大门。在门类繁多的主题中，有一类必然是不会失败的，那就是选择自己所相信的。对自己生活的某些方面你肯定有一些强烈的认知和信念，所以，你不必绞尽脑汁去寻找素材，它们往往就存在于你的思想里。

前不久，有个关于死刑问题的立法听证会的电视节目。很多证人应邀出席，就这个有待解决的问题相互辩论。其中一位证人是洛杉矶的一名警察。显然，他对这个问题已经进行了深入的思考。他曾经有 11 位同伴在与罪犯的枪战中被打死。对此，一种信念在他心中萌生，就是杀人必须偿命，一定要执行死刑。

他的陈词充满感情，确信自己是对的。古往今来，辩论中最吸引人之处便是辩论者坚信自己的信念，以及真实感情的流露。真诚出自信仰，而信仰则基于对演讲主题饱含的感情，以及演说者对话题的冷静思考。"公道自在人心，有理无须强辩。"我开设过数不清的培训班，轻而易举就能够找出实际的例子来证明巴斯卡这句名言的正确性。曾经有个来自波士顿的律师，风度翩翩、能说会道，可是他的演说结束之后，在场的学员异口同声地说："这家伙真会哗众取宠。"他说的话表面浮华，却没有任何真实感情。而另一个学员虽只是个保险公司的推销员，小小的个子、相貌平平，还经常停下来想想下一句说什么。但就是如此不起眼的一个人，在他演说时，台下其他同学都相信他是在表露自己真实的情感。

虽然如今距离林肯在华盛顿福特剧院的总统包房里遇害身亡

已经有100多年时间了，然而他的伟大功绩、他的机智幽默及真心诚意的待人方式却万古流芳。在叙述法律知识方面，和他同一时代的许多律师都远超过他。确实，他的演说并不是那么精致、流畅和优雅，但他在葛底斯堡与华盛顿国会台阶上所发表的演说，在历史上却无人能出其右。

一个人曾经对我说过，没有什么事情能提起他的兴趣，也许你也感同身受。但对于这种情况，我却多少感觉有点惊讶，不过我会告诉那个人："使自己忙碌起来，让自己对一些事情产生兴趣。"

"什么事情呢？举个例子吧。"他这样问道。我差一点昏倒，就说："例如鸽子之类的。""鸽子？"他一脸疑惑。

我对他说："嗯！鸽子。你去广场上看看它们，给它们喂食，去图书馆查阅同它们相关的资料，再回来这里讲述它们。"

他按我说的去做了。等他回到培训班时，已不再瞻前顾后，犹豫不决。他以养鸟者所特有的热忱，滔滔不绝地谈论鸽子。我想打断他的话，而他正谈到关于鸽子的40本书，让人吃惊的是，他已经读完了所有的这些书。他的演说是我所听过的最生动的演说之一。

我再提一个建议，就是尽一切努力深入地了解你认为很好的话题。对一件事情知道得越多，你对它就会越有热情。《推销的五条原则》的作者帕西·H.怀特告诉推销员，不管怎样都要对自己所要推销的产品有一定的了解。怀特先生说："越了解一个好的商品，就会对它越有耐心和热忱。"

这个道理与演说有异曲同工之妙，对演说题目所涵盖的内容知道得越多，你对它们也就越有热情。

表达时要充满热情

假设你要跟大家讲述一个你与警察的故事,由于超速驾驶,警察迫使你把车停下。如果你非得从旁观者的角度用非常客观的态度来述说这个故事也未尝不可;但你是当事人,你一定有很多感受,这种感受你都憋在嗓子眼,想要一吐为快。如果是这样,使用第三人称就不会深深地感染听众。他们所要了解的是警察开罚单时你心里是如何想的。所以,你若能再现当时的情形和说出当时的感受,那么你的演说就能打动人。

我们之所以去看话剧电影,原因之一就是想要看到真情的流露。我们怯于当众表达自己的情感,所以去看话剧和电影来使这一需要得以满足。因此,在公共演说中,你投入多少感情,就会显现出同样程度的真诚。不要压抑住自己的诚恳,也不要刻意地控制自己那感人的热情。要让听众知道,你对自己的话题有满腔热情。这样,听众才会集中精神听你的演说。

当你登台演说时,心中要充满自信和希望,而不要绝望得就像正在走向绞刑架。大步流星或许更大程度上只是一种表演,但它却能带给你十分不错的效果,也会给听众一种你有一肚子的话想一吐为快的感觉。演说快开始时,深深地呼吸一次,昂首挺胸,不要倚着桌子或者其他东西。你进行这次演讲为的是给大家述说一些有意义的事,因此,你全身每个部分都在向大家展示这一点。现在的你好像大权在握,正如威廉·詹姆士所说的:"起码要表现出来好像真有这么回事。"倘若能设法让大厅的后方也能听到你的声音，这种音效会使你更加成竹在胸。一旦再辅之以手势，你会更加兴奋。

唐纳德与埃里诺·雷尔德提出一项原则，叫作"激发我们的反应"。对于心灵感觉的需要来说，这项原则在任何情形中都可以适用。在他们两人共同撰写的《有效记忆的窍门》一书中提到，老罗斯福总统这个人"一生充满着欢声笑语，带着激情澎湃、青春活力、欢呼喝彩和满腔热情……这都是他的特点。他处理任何事情时都是怀着浓厚的兴趣，甚至全身心投入，忘记了自己的存在，起码看上去是这样的"。老罗斯福总统很好地诠释了威廉·詹姆士的哲学："表现出激情，这样对自己所做的一切自然而然就会充满激情。"

总之，请记住这句话：表现出激情，你便会有充满激情的表现。

第三章　与听众一起分享

拉塞·康威尔博闻名遐迩的演说《你家后院藏有钻石》曾被一再地发表近 6000 次。也许你会想，都一再重复地演讲了这么多次，内容肯定早已刻录在他的脑子里了，一词一句都不会变了。而事实正好相反，康威尔博士清楚听众跟听众间是有区分的。他要让自己每一场的听众都觉得他的演说是独一无二的，一切准备都是为了这次演说。他是怎样成功地让演说者、演说词、听众这三者之间的内在联系保持活力的呢？康威尔博士这样写道："我在一个城镇演说之前，总是尽可能提前去那里，好探访一下邮电局局长、饭店老板、理发师、学校校长等，接着走入商店同人们聊天，了解一下他们的过去及未来有何机遇。最后我演说时的主题正是当地人心里所关心的事儿。"

康威尔博士完全了解其中道理：看一个演说是否成功，要看演说者有没有很好地将听众包含在演讲内。这就是我们每次听到这个演讲都感觉没有重复的原因。凭着自己不懈的努力及对人性的知悉，康威尔博士就同一个主题已演说了近 6000 次，却从来没有任何重复的两场。从这个例子中你应该得到启发,并认识到自己的演说从头到尾都是为特殊的听众所准备的。在此介绍几个简单实用的窍门,可以使你与听众之间的关系更为亲密。

投其所好

康威尔博士正是这么做的。他乐于让自己的演讲涉及许多当地人的谈话和事件。听众之所以对此颇感兴趣,是由于他的谈话直接关系到他们自己,同他们的兴趣爱好和遭遇的问题相关。最能吸引听众注意的就是同听众自己密切相关的事。如果你这样做了,定会抓住听众的注意力,从而同他们的交流也将会无限畅通。

美国前任商业协会会长、现任电影协会会长埃黎科·休斯顿在演说的时候,几乎每场都会使用这一技巧。在参加俄克拉荷马大学的毕业典礼时,他的演说运用了当地人们的兴趣点,十分巧妙。让我们来看看他是怎么使用的:

在场的俄克拉荷马的父老乡亲们,你们肯定知道那些喜好以讹传讹的造谣者。就在前不久,他们还说俄克拉荷马州是一块鸟不拉屎,鸡不生蛋的不毛之地。

有传闻说,在20世纪30年代所有的乌鸦都绝望地告诫同类们:要到俄克拉荷马去吗?一定要记住随身带足干粮。他们妖言惑众地猜想俄克拉荷马未来会成为美洲大陆沙漠的一分子。可是,自从40年代以后,俄克拉荷马却变成人间天堂,常被百老汇歌颂赞美,歌中这样唱道：“雨后天晴，微风拂面，吹来稻香。”

一转眼，十年过去了，这个曾经经常遭遇旱灾、寸草不生的地方，如今出现了大片的玉米地，玉米高得能淹没大象的眼睛。

是自信让我们取得了胜利，当然也归功于事先估计到了各方面不能避免的失败……但是我们坚信，无论昨天是什么样的情况，在我们这个年代，所有美好的愿望都有可能变成现实。

为了准备这次演说，我翻阅了1901年春季版的《俄克拉荷马日报》，希望能够查找到50年以前的一些事例。最后，我发现了什么？

我发现了最让人激动的事情——俄克拉荷马的未来；同时我也发现了最重要的一样东西，那就是希望。

这是把握听众兴趣所在而灵活运用于演说的最好的范例。埃黎科·休斯顿极富地方特色的演说吸引了听众的注意力，因此听众们都听得聚精会神。

这种演说因地制宜，不会给人重复的感觉。

不妨问问自己：你的主题是否同听众利害攸关？能不能为他们排忧解难？是否与他们实现理想的目标产生共鸣？

假如你一开场就这样说，必然会使他们集中全部的精神来倾听。如果你是一名会计，你可以这么开始："现在我会向你们介绍怎样节省下50到100美元的方法。"如果你是律师，教他们如何在生前就把遗嘱写好，这肯定会让听众听得津津有味。也就是说，在你所精通的专业知识里，能让听众受益的话题无处不在。

英国报业大亨诺斯格利夫爵士曾被问到过，到底怎样的话题才能激发听众的兴趣？他直截了当地回答道："听众自己。"其实，他就是利用这一个简单的方法成为报业巨头。

在詹姆士·哈维·罗宾逊所著的《思想的来源》一书中，作者将兴趣描写为"一种来自自然且最被恩宠的思想"。他接着写道："兴趣让我们的意识自循其道，而这个'道'完全由我们期望什么与害怕什么来确定，由我们的本能和欲望变成现实或化为泡沫来确定，由我们的爱、憎、喜、恶、恨来确定。"

这个世上还有什么要比自己更能让我们产生兴趣呢？

有一次，我们在培训班的最后一课上举行宴会，费城学员哈洛德·怀特在宴会上进行演说，结果十分成功。他一个挨一个地说起当时坐在餐桌周围的学员，说他们刚进入培训班时是怎么讲话的，之后又是如何逐渐进步的。他回想每个学员所做过的演说，同学们曾经讨论过的每个话题。他夸张地模仿一些同学的动作，引起哄堂大笑。选择这样的素材，他的演说不可能不成功。这个世上还有什么话题要比听众自己更能吸引他们的兴趣呢？怀特先生真正掌握了如何去抓住人性的特点。

多年以前，我为《美国杂志》写了一系列的文章，因此我有幸同约翰·希德达进行交谈。当时，他正负责该杂志的"人物逸事"一栏。一天，他坐下来跟我促膝长谈。他说人性本恶，人们的注意力全都放在自己的身上。他说：

> 他们对政府是否该把铁路收归为国有并不是特别在

意,他们所积极追求的是升官之道,是怎样能够得到更多收入,怎样才能变得长寿。如果我是这个杂志的总编辑,我就会教给读者怎样找工作、怎样做清洁、怎样在夏天时保持凉爽、怎样保护牙齿、怎样应付所雇用的职员、怎样购买房子、怎样让记忆力更加出色、怎样避免犯语法错误,诸如此类。人们一向爱听他人的故事,因此我会邀请一些商界巨头说说他们是怎样利用投资房地产从而将数百万美元收入囊中的;我还请一些知名的银行家、各大公司的 CEO,让他们说说自己是怎样从下层社会经过不懈的努力才取得现在的成功的。

没过多久,希德达真的成为《美国杂志》的总编辑。刚上任时,杂志的发行量非常小,还不能说是一本优秀的杂志。希德达马上依据他之前的设想进行改革。读者有什么样的反应呢?当然相当热烈。杂志的发行量也一路狂飙,从20万到30万、45万、50万……为什么会这样呢?它的内容正好符合了普通老百姓阅读的兴趣。不久,杂志月发行量上升到100万份,接着是150万份,最后飙升到200万份。但数字并没有在此停下来,而是又继续上升了好几年。这一切都是由于希德达满足了读者阅读的第一需要。

因此,以后当你再做演讲时,先在大脑里想一下听众最希望听到你说什么,前提是找到跟他们密切相关的话题,让他们产生兴趣。如果演说者偏离了听众的内心轨道,在场的听众很快就会变得焦躁不安。他们会不停地看表,再望望出口……

给予诚恳的赞美

听众是由许多个体构成的,听众的整体反应就跟个体的反应效果是一样的。不留情面地批评听众,肯定会让他们愤怒。如果你赞扬听众曾做过的确实值得赞扬的事,通往他们心灵的大门就已经向你敞开,但是你还得动一番脑筋。千万不要言过其实或是露骨地讨好,比如"在座的是我见到过的最聪明的听众"这一类的话,再愚蠢的人也能听出来是谄媚之词,并且言语听起来空洞无味,只能让人反感和厌恶。

就像大演说家金希·特布说的那样,演说者一定要"告诉听众一些关于他们自己的事情,也许是他们想不到而你却可能清楚的"。举个例子来说,近期有人打算在巴尔的摩市的济沃尼俱乐部进行演说,费尽心思却找不到关于该俱乐部的特殊素材,仅了解到俱乐部曾经出了一名国际会长和一名国际董事。而这些事在俱乐部里无人不知,并不新鲜。他希望标新立异,于是开场时他这么说道:

在巴尔的摩济沃尼俱乐部活跃着101898个会员。

会员们集中精神地听着,刚听到第一句就发现他大错特错了,济沃尼俱乐部在全世界只有2897个,而一个俱乐部怎么会有这么多人?演说者话锋一转,接着说了下去:

各位可能不相信，可这一数字是有根有据的。根据统计，贵俱乐部成员的数量不是1万或者2万，而确确实实是101898。我是怎么算出来的呢？大家都知道，全球只有2897个济沃尼俱乐部，巴尔的摩俱乐部历史上曾经出过一名国际会长与一名国际董事，概率统计学上说，不管是哪个济沃尼俱乐部，要想同时出一个国际会长和一个董事，它的比例是1比101898。这个结果是约翰·霍普金斯大学的一名数学博士对我说的，这个答案应该没有错。

选这类话题进行演说，态度要十分诚恳。措辞没有诚心，可能会骗过一些人，但你却永远欺骗不了所有的听众，比如"极其聪明的听众""这些霍霍柯斯的英雄和美人""来到这里我感到很高兴，因为我爱你们在场的每一位"。

哦，不！假如你不能诚心诚意地说话，那还是不说为好。

将自己同听众融为一体

一旦你开始演说，就要尽可能快地同听众融为一体。假如你真的感觉很荣幸能受到邀请进行演说，那就将心里话说出来。豪洛特·迈克米勒在印第安纳州的盛百大学向毕业班发表演讲时，他做了如下的开场白：

各位的欢迎致辞令我十分感动，能来到贵校发表演说也是一次珍贵的机会。但我清楚，各位的盛情邀请应该主要不是冲着我目前的职位——英国首相。

然后，他谈到自己的母亲来自美国，生于印第安纳州，而父亲则是盛百大学的第一届毕业生。

请你们相信，我为能和盛百大学有如此的渊源而感到骄傲。现在，我很乐于谈到我们家庭的古老传统。

迈克米勒谈到了美国学校，以及他父母所熟知的美国生活方式，这样他就马上同听众建立了友谊。

另一种进行有效沟通的方法，是直接喊出听众中一些人的姓名。有一次，我在一个宴会上，刚好坐到了当天主讲人的身边。那个主讲人在用餐时间里不断打听一些人的姓名，这让我非常纳闷。在整个就餐过程中，他一直在问宴会主办者，这个穿蓝色西服的人是谁，那个戴着缀满花朵的帽子的女士叫何芳名。等到他起身开始演讲，我立刻明白到他为什么这样做了，他十分巧妙地将在就餐时了解到的名字囊括进了自己的演说，在演说中被提到姓名的那些人没有一个不是兴高采烈的；就连我也能体会到，这么一个不起眼的做法为演说者赢得了听众由衷的好感和信任。

美国通用动力公司总裁小弗兰克·佩斯曾在演讲中巧妙地运用几个名字，产生了出人意料的效果。在纽约"美国生活宗教协会"一年一度的晚宴上，他进行了下面的演说：

我认为，这是一个让人兴奋而又有重大意义的夜晚。首先，听众之中有我的教父罗伯·艾波亚，他的一言一行已经成为我和我的家人以及我们所有人的一种自我勉励的榜样。其次，在场的路易·斯特劳斯和鲍伯·史蒂文森二位对于宗教的热情，已经发展到对整个公共事业的关心……能同你们一起共度晚宴，我感到无比的荣幸……

提醒留意一点，如果是准备提及一个陌生人的姓名，尤其是刚打听到的，为了保证不出意外或产生误会，要先想清楚自己为什么要提到这个名字，以及怎样提出来才显得不突然。

此外，还有另一个办法也可以很好地吸引听众的注意力，那就是使用第二人称"你"而不用第三人称复数"他们"。这一说法能够让听众一直保持一种感同身受的状态。在前面我们已经讨论过这一点，演讲者要想让听众的注意力集中并表现出极大的兴趣，就应该重视这一要点。我们在纽约的培训班里，有一位学员曾发表过一次题为《硫酸》的演说，这篇演说巧妙运用了第二人称，现引用以下几段：

大部分的液体都是用品脱、夸脱、加仑或桶等作为单位来计量的。我们经常说，多少夸脱酒、多少加仑牛奶及多少桶蜜糖。在探测到一处新的油井之后，我们也会描述它每日的产量是多少桶。然而，有一种液体，生产和消耗它的数目如此之大，以至于必须用吨来作为它的计量单位,这种液体便是硫酸。

硫酸同我们的日常生活密切相关。如果没有硫酸,你的汽车将不能行驶,你只能像古代那样骑马或使用马车,这是由于如果没有广泛使用的硫酸,就不可能提炼出煤油和汽油。无论是你书桌上的台灯、餐桌上面的吊灯,还是在夜里指引你上床就寝的小灯,所有这些灯都得依赖硫酸,没有了硫酸,它们就只能是些摆设。

清晨,起床后拧开水龙头放水洗漱,你是否了解你所拧的是一种镍质的水龙头?在制作镍的过程中,会用到硫酸;制造你的搪瓷浴缸要用到硫酸;你用的肥皂的原料很有可能就是用硫酸处理过的油脂;在你第一次跟你的毛巾亲密接触之前,它早已跟硫酸亲密接触过了;你所使用的毛梳上的梳毛也要经过硫酸的处理,不然的话,没有硫酸那把赛璐珞梳子就生产不出来。另外,你刮胡子用的刀片在刚锻造完成之时,也需要经过硫酸的处理。

你下楼用早餐,如果你使用的杯子和盘子不是纯白的,那更是由于硫酸,硫酸向来都是用来制造镀金以及其他用于装饰的材料。如果你的勺子、刀子、叉子都是镀银的,那么它们就必须要在硫酸中浸泡过。硫酸就是这样同你每天生活的各个方面息息相关,到处都是它的影响范围,让你无处可逃。

这个演说者巧妙地运用了第二人称"你",算是成功使用第二人称的一个范例，它会使得听众有身临其境的感觉，因此也就保持着极高的注意力。但是也要注意，有些场合使用第二人称并不合适，有时甚至会很冒险，很有可能没有能够让听众和演讲者有效地进行沟通，却在两者之间造成不能愈合的伤口。当演讲者自以为自己是个专家，盛气凌人地对听众指手画脚时，便会产生这种结果。这时应该使用第一人称复数"我们"，而不能使用第二人称"你"及"你们"。

美国医药协会健康教育组组长鲍尔博士经常在电台和电视演说中使用这一技巧。"我们都希望知道如何去选择一个好医生，难道不是吗？"他曾在演讲里这么说道，"既然我们希望医生为我们提供最佳的服务，那么，我们是否清楚怎样才能作为一个好的病人呢？"

使听众参与其中

你是否设想过，运用一点舞台上的小伎俩，就能够让听众随时关注着你的每个词句？当你邀请在场听众来帮助你说明某个看法，或者将某种观念通过表演而形象地表达出来时，听众对你的注意力会明显增强。在潜意识里听众知道自己是被动接受信息者，而当他们其中一人被演说者带入"表演"情境中时，其他人就会十分敏锐地感觉到正在眼前发生的是非同寻常的事实。许多演说经验丰富的演说者说，台上跟台下就像隔了一堵墙，那么，运用让现场听众参与这一技巧，便可一下推倒这堵墙。在我记忆中曾有位演说者想让听众知道，汽车在停下来之前需要有一段距离来缓冲。他挑选一位前排的听众起身帮助他展示汽车会因为有不同的速度，在最终停住之前继续前进的距离也会有所不同。这位听众一手握着钢卷尺的一头，沿着走道将它拉出十几米长。我看着整个过程，怎么都不能忽视在场所有听众对演说是怎样集中精神地倾听和注视的。我对自己说，那条卷尺不仅仅形象地论证了演说者的观点，还成功地沟通了台上的演说者与台下的听众。如果没有这次现场演示，也许听众们只会坐在台下，脑海里琢磨着晚上吃什么东西，看什么电视节目！让听众参与其中，我最钟情的方法之一就是现场提问。我喜欢请听众起身跟着我重复同一句话，或者举手回答我的问题。帕希·卫特在《如何让演说和写作更为幽默》一书中，就如何"与听众互动"提出了一些有意义的建议。他建议让听众对某件事举手表态或请他们帮忙处理一个问题。卫特先生说："你要对某些事情持有正确的态度。首先要知道，演说不同于背诵，演说的目的是要让听众有所反应，要使听众成为整个事件的参与者。"

我喜欢他将听众称作"整个事件的参与者"，这也是本章说了这么多的关键所在。如果你的演讲中能有听众的参与，他们能够成为你的好搭档并助你成功。

放低姿态

话又讲回来，演说者同听众之间的真诚还是不可或缺的。诺曼·文森特·皮埃尔曾给一位牧师朋友提出一些很奏效的方法。这个牧师几乎不能让听众集中精神听他布道。皮埃尔让这个牧师问问自己,每个星期日的早晨他都会面对哪些听众,他对他们的感觉是什么,他是不是真心地喜欢他们,是不是真心地希望能够帮助他们,是不是认为他们没有自己聪明?皮埃尔说:"一旦你站上讲台,对自己将面对的教徒应该怀有强烈的感情。"假如演说者对自己的智商和社会地位感觉高人一等,听众一听就能感觉到,因此不会轻易地同意你的观点。这就是事实,敬人者人恒敬之,演说者若希望得到听众的敬爱,最好的方法就是降低姿态。

在艾德蒙还是缅因州参议员的时候,曾经在波士顿的美国辩论协会上发表演说,将这种谦虚的技巧发挥得淋漓尽致:

今天早上犹豫再三,不知道该不该答应这份演说邀请。第一,我清楚在座的诸位都是业内的精英,所以我不禁有点担忧自己是在班门弄斧,是否有必要让各位见笑。第二,这是个早餐会,在这种时间,大家的反应都有些缓慢,如果我表现不佳,这对一个政客来说,有十分严重的后果。第三,今天我要演说的主题是"一名公仆到底有何影响力?"只要我还在从政,我的选民对这一影响力好坏与否有的评价大不相同。我满心焦虑,感觉就像一只没头没脑的蚊子,擅自闯入了天体王国,简直不知道该从哪里说起……

就这样艾德蒙一直说了下去,最终演说取得了巨大的成功。

爱德莱·史蒂文森曾经参加密歇根州立大学毕业典礼并做了致辞演说。他显得十分谦虚,下面是他的开场白:

面对如此盛大的场面，我感觉心有余而力不足，这让我回忆起萨姆尔·巴特勒曾经被问及如何善待人生的问题，他这么回答："我连如何善用接下来的15分钟都不清楚呢。"而如今，我对接下来的20分钟也有同样的感受。

听众最厌恶的事儿就是让他们仰望演说者。你站在演讲台上，就好像被放在商店的橱窗里展览，你的各个方面都毫无保留地展现在观众面前，稍有一点轻浮的表现，就会招来听众的反感。反之，谦虚反而能保持你的信心，获得更多的支持。

你可以谦逊，但不用畏首畏尾。只需让观众知道自己会尽心尽力做好这次演说，稍微地暗示一下自己"天生愚钝"也不碍事，相反，听众会尊敬你、对你更有好感。美国电视界的竞争十分残酷，获得季度最佳收视率的主持人都要为保持季度收视率第一的宝座而身心疲惫。埃德蒙·苏黎温是每年都能活着闯关的主持人之一。他不单是电视界的专家，还是报界的新闻记者。他之所以能够在残酷的竞争中生存下来，原因是他并不事先把自己限定在条条框框里，而只把自己看作是业余工作者。在镜头前他经常会有不太自然的表现，要是别人的话就可能会成为表演上的瑕疵，而他却是那么自然，那么打动观众。他用手托着下颌，耸一下肩，拉拉领带，甚至讲话还磕磕碰碰。但这些缺陷丝毫没有影响到他，有人批评他，但他毫不在意。至少每隔三个月，他都要主持一次超级模仿表演，让顶尖高手来模仿他，将他的那些所谓的缺陷夸张地表现。他乐于接受批评,正是他的这一点赢得了观众的喜欢。观众们喜欢谦谦君子,讨厌那些摇头晃脑的自大之辈。亨利和丹那·托马斯合作撰写的《现代宗教领袖传》一书中评论孔子说:"他从不会用他人无法企及的知识来向别人炫耀。他只是凭着他那包容的宽厚之心,设法去启迪大众。"如果我们人人都有这种包容的胸襟,就等于拿到了开启听众心灵大门的钥匙。

第三篇

如何成功发表演讲

第一章　鼓舞式演讲

在一战期间，一个声名显赫的英国主教来到雷普顿营，探望驻扎于此的英国官兵。这些马上要奔赴前线的勇士之中，只有少数人清楚这样做的必要性。然而很遗憾，这位大主教并没有足够地重视这一点，而是向官兵们大讲特讲"民族之间和睦共处"的大道理，要么就是"塞尔维亚民族要在地球上获得该有的地位"。最后，让人哭笑不得的是，竟然有一多半的官兵将塞尔维亚理解成为一个城镇或是一种流行病。这些听众认为，他说的话与高深莫测的"星云学说"所达到的效果没什么两样，让人如坠云雾。还好，演说期间没有一个人暗自逃走，显然不可能是由于大家都感兴趣，而是由于宪兵很有先见之明，早就把守好了各个出口，谁都出不去！

举这个例子并不是要讽刺这位主教，对他渊博的学识我十分清楚。如果他当时面对着的是一群教徒，演说很可能会获得满场喝彩。但听众偏偏是那些就要奔赴前线的官兵，主教遭到全军覆没的失败，就在情理之中了！为什么会这样呢？这是由于他并不了解自己的听众，所以演说本身也没有真正的目的。一句话，在演说之前，他茫然无知。

那我们进行演说该抱有什么样的目的呢？每次演说甚至聊天，不管说话者是不是刻意的，一定要有一个目的贯穿于谈话中。任何演说所涵盖的目的可以总结成以下四个方面：

1. 劝导他人采取行动；
2. 通知；
3. 给人深刻印象，让人心悦诚服；
4. 让听众感到愉快。

下面，我们以林肯演说生涯里的事件为例来解释上面几点。

林肯曾发明过一种器械，还申请获得了专利，很少有人知道这件事。这一器械是用于抓吊搁浅的船只的。林肯还曾经委托自己律师办公室周围的工艺店制作过这个器械的模型。每当有朋友探访林肯偶然地发现这一模型时，他就会详细地解释它的原理。而这种解释的目的，就是为了传递相关信息。

当林肯在葛底斯堡发表那次如今已家喻户晓的知名演说时；当林肯两次进行总统职位就职演说时；当亨利·克特去世，在追悼会上林肯用悼词追忆亨利的一生时，他演说的目的就是给听众深刻的印象、让他们心悦诚服。当他以律师的身份对陪审团申辩时，目的则是希望获得有利于自己当事人的判决。而他进行政治演说时，目的则是为了获得更多的选民手中的选票。在这些场合演说的目的，便是劝导听众采取行动。

林肯在担任总统一职的前两年，曾经准备过一篇关于发明的演说。当然，他这么做的目的是为了取悦大众，至少，取悦于大众是他当时的本意。令人遗憾的是，这次他并没有取得成功。

他本想成为一个被大众认可的演说家，然而却在这方面不断遭遇失败。有一次，他去一个小镇演讲，结果现场空空如也，一个观众都没有。

但他在其他方面的演说却都十分成功，同这次马失前蹄的演讲对比鲜明，其中一些演说还成为经典。让我们来分析一下其中的原因。他在发表这些演说时，十分清楚自己的目的，并且找到了实现目的的最佳途径，这便是他能够获取成功的原因。

很多演说者不明白怎样调和演讲目的与听众的兴趣点，结果在演说时无所适从、含含糊糊、破绽百出，这样肯定会失败。

在这儿仅举一例说明。

曾经有一位美国国会议员在纽约旧马戏场进行演说，这个人还没把话说完就被听众席上一片不以为然的嘘声赶下了讲台。这是因为他在这种场合非常愚蠢地进行了一个目的是通告的演说。他对听众解释说，美国正在怎样地积极备战。听众可不愿意听这些，他们到这里来的目的是娱乐。尽管听众们盼望他赶紧在十来分钟以内结束这一演讲，可这位议员竟对听众们不耐烦的声音毫无知觉。听众们终于忍耐不住了，于是有人喝出了极有传染性的倒彩，顿时，成千人一同吹起口哨，甚至还有人高声地吆喝起来。但这位议员竟还顽固不化，他不顾听众的情绪及波浪般涌来的声讨，还企图继续演说下去。这种不管不顾使得听众的情绪从无可奈何上升至愤怒，于是，当时的场面变得无法收拾。这位兄台竟企图让观众的情绪平息下来，但强烈的抗议声淹没了他的声音。最后，他只好自讨没趣，仓皇逃离。

这位兄台的教训值得我们引以为戒！我们要使自己演说的目的同现场观众的情绪与兴趣相符。如果这个议员在演说前仔细思量过二者是不是相符合，也不至于有这么惨的结果。在还没有从上面四种目的中选择一个作为演说目的之前，我们一定要对此有个细致的分析。

劝导他人有所行动是"怎样构架演说框架"的重要步骤。这章我们会集中探讨这个问题，来帮你了解这一步骤。后面三章则重点讨论演说的其他三个目的：通告；让人印象深刻、心悦诚服；带给听众愉悦的情绪。各个目的都要求我们采用不同的方法来实现，并且实现方式也各有不同。同时，在实现的过程中，我们都将碰到常见的错误和不得不跨越的障碍。

让我们首先来讨论一下演说素材的布局，好说服听众有所行动。我们能否做到根据某种有效的方法安排演讲素材，来让我们的听众被打动，从而依照我们的想法去采取行动呢？还记得在20世纪30年代，我曾经同训练班的同事们讨论过这个问题。当时，我的公共演说训练课程刚开始举办，在全国上下如火如荼。由于每个班的学员都很多，我们把学员的即席演说练习的时间限制在两分钟之内。假如学员的演说目的只是为了取悦听众，那么有了这个时间限制并不会对他们的发挥有何影响。但如果我们把要求提高到让演说者劝导听众有所行动，情形就大不一样了。陈旧老套的演说套路，也就是从开场白、正文到结论（亚里士多德之后被众多演说家所效仿的模式）是毫无效果的。很明显，我们需要更新一下思路，才可以在两分钟之内达到既定的劝说听众采取行动的目的。

我们前后在洛杉矶、芝加哥和纽约等地开会研讨，请教到会的各位教师如何解决这个问题。这些教师中的许多人都在著名大学的演讲系执教，一些人在演说上功成名就，另一些人则是广告界的精英。我们试图利用各个方面的知识，找到完善并更新演说结构的方法，来确保其适应时代的要求、符合心理学原理，帮我们实现劝服听众采取行动的目标。

此次巡回座谈的效果达到了预期的设想。一个用来架构演说框架的"奇妙公式"终于在此次座谈会后出台。我们立马在演说训练班上付诸实践，并一直沿用到今天。这个"神奇公式"究竟是什么样的？具体来说是这样的：

第一，你一登台就把你的主题用实例的方式说给听众听，通过这个例子力求形象地表现出你所想传达给听众的主题。第二，尽量详尽清楚地论述你的观点。第三，叙述理由，即告诉听众他们按照你所说的去做会得到什么好处。这一公式正符合当今快节奏的生活。演说者切不要沉溺于那种冗长、散乱的长篇大论，因为在现代社会听众都工作忙碌，没那么多时间来听演说，他们希望从你那儿听到的是那种简要、清晰的表述。他们已经习惯于那种加工过的、经过提炼的当代新闻播报，这样他们不用怎么动脑筋就可以直接弄清事情的来龙去脉。他们都已经习惯于类似麦迪逊大道那种一再强调的广告环境。此类广告的显著特征是，使用各式广告牌、电视节目、杂志与报纸等各种媒体，用那些鲜明惹眼的词语，清楚明白地把所想表达的信息传递给听众。这些广告词语是提炼加工过的,精练到一句废话都没有。只要你将此"奇妙公式"付诸实践,我们保证你必定可以吸引听众的注意力,并且让听众的兴趣点同你所要演说的重点相吻合。它还能帮你丢掉那些冗长乏味的开场白,就像"原谅我的仓促准备",或者"当主持人让我说说这个话题时,我受宠若惊,不清楚他为什么会挑选我"。要知道,听众在台下坐着可不是要听你在台上的致歉或过分谦虚,不管你是真心诚意还是出自台面上的客套。他们需要被说服,而在"奇妙公式"中,你的演说从一开始就直奔主题了。

这套公式对于那些简短的谈话十分适用,因为这中间埋下了一些吸引听众注意力的伏笔。当你使用这种方法来表达你的观点时,听众自然而然就会被你的故事吸引住,而你也不用一开始就将演说的重点全盘托出,而是先给听众们讲那么几分钟的故事;当故事快结束的时候,他们自然而然就明白了你要演说的重点。

假如你想劝服听众依照你的想法或要求去做,那这个公式就更有效果。试想一下,假如演说者在台上的目的是募集捐款,那他就是希望听众能为某一弱势群体慷慨相助,对这一弱势群体来说这笔钱就相当于雪中送炭,如果演说者一开始便用下面的开场白:"女士们,先生们,我来这儿是要向各位收取5美元的。"听众们会按你说的做吗?我敢保证没有人想接着听下去。大家自然而然地想这个演说者一定是来骗钱的,一旦产生了这个误会,听众脑海里马上想到的便是溜走。反之,我们设想另一种情况,演说者先对听众描述自己探访"儿童医院"时的所见所闻,并饱含感情地叙述他在那儿所碰见的一个急需帮助的儿童患者。在一个偏远的医院中,一个幼童正在同病魔做斗争,但由于缺乏经济支援不能进行急需的手术。若各位能够奉献出您的爱心,伸手帮他一下,就会挽救这个小生命。对比一下,这样表述是否能够让演说者获得听众更多的支持?由此可以看到,在演说中插入故事是为了对期望中的行动进行铺垫。

接下来,再来看看尼兰·斯通是如何做的,看看他是怎样用事例来感动听众,来呼吁他们支持联合国儿童援助行动的:

我对自己说再也不用为此而四处奔走了。试想一下,一个小生命生死仅悬于一线,世界上没有比这更残忍的事了。我也祈祷在座的各位不用再为这些事去做什么了,也不用在事后永远生活在悲伤的记忆中。但这些悲惨的事情天天都发生,使我们不能停下自己的四处奔走的脚步。就在1月的雅典,在一个已经被炸成了废墟的工人区里,我曾经听见了他们的声音,亲眼看见了他们那满是悲伤恐慌的眼睛……而导致这一惨状的,却仅是一瓶半磅重的花生。

当我用力打开手中的救援物品时,马上被乞丐一样衣衫破烂的孩子们围住,疯狂地朝我伸出手。更有大量抱着婴孩的母亲拥挤争抢……她们将婴儿朝着我举着,婴儿的小手抽搐般地伸着。我尽量让我带来的不多的援助物品发挥最大的作用,哪怕仅仅多救活一个饥饿的生命。

在他们疯狂的争抢之下,我几乎快要跌倒。

在我眼前有几百只手。有求助的手、绝望的手、挣扎的手,那些手瘦得让人心疼。我绞尽脑汁分配,在这儿分一点,又在那边分一点。再到另一个地方,这里分一粒,那里分一粒。但还有数百只的手朝我伸过来,向我哀求着。当他们分到发的食物时,眼睛里闪耀出希望的光芒……最后,只剩我怀抱着手中那蓝色的空罐子站在那儿……哎,我祈祷这种情形永远消失,永永远远地离开我们的世界。

这套"奇妙公式"也适合于书写商业文书,或者对职员及下属传达命令。母亲也可以用它来教育孩子,当然孩子们也可以利用这一套公式取得父母的重视。你将发现,它真的是屡试不爽的心理秘籍,在平日的生活中,你可以利用它告诉别人你自己的想法。即使是在广告界,"奇妙公式"也是天天都在被应用着。

E电池公司近期在电视和电台上做了一系列的广告,这套广告便是按照这个公式所设计的。这则广告的场景如下:

第一幕中,主持人用急切的语气陈述在一个黑夜某人被困在一辆翻倒的汽车之中。在他声情并茂地将这起意外事故详细叙述一遍后,广告进入第二幕:主持人请来被困车里的当事人,让其把故事说完,说装有E电池的手电筒发出的光亮是怎么救了他的命。然后广告进入第三幕:主持人强调此广告的要点:选择E电池,你将拥有应对各种突发事件的护身符。

这个故事本身就源自E电池公司的档案,讲的全部是真人真事。我不能确切地知道这套广告带给该公司多少效益。我不能肯定有那么多管用，但可以确信的一点是，从广告效果中我们能够看到"奇妙公式"是多么奏效，它可以帮你有效率地告诉听众要他们去做或尽可能不要去做的事情。接下来我们逐步地来讨论。

以日常生活的事件为例

很多我们平日生活中发生的事情，就是你每日主要的谈资，也占据了你大部分的日常生活。在此阶段，你向听众表达你通过叙说这些事情而得到的一些启发。心理学家认为，我们主要有两种学习方法：一是使用"锻炼法则"，利用一连串类似的事件，让某种行为模式产生改变；二是使用"效应法则"，由于某一事件的惊人效果而导致行为的改变。我们人人都有过这些不平常的经验；并且只要回忆一下，很容易就能够找到很多类似的例子。这些经验指引着我们的行为习惯，因此我们可以将这些经验重新梳理一下，并拿来影响他人。因为一般人对语言的印象和对实际发生事情的印象大体上是一样的。在举例的时候，你要让自己的切身体验能够产生一种很有益的效果，由此来影响你的听众，正如这件事情当初是怎么影响你一样。为达到预期的目的，你需要十分详尽地描述自己的经验，并突出特点，使这个事件产生戏剧性效果，从而引起听众的兴趣。下面是几点建议，希望能对你有一定帮助。

建议一：用亲身经验做演说实例

假如你采用的事例是完全以个人经验为基础，并具有很强的戏剧性，那它将会有十分惊人的威力。或许这件事的发生只经历了短短的几秒钟，但它给了你终生难忘的启发。例如，有个培训班的学员说到一件恐怖的经历，他叙述了自己如何操纵被颠覆的小船试图游回岸边的过程。我相信在座的听众听过他的讲述后，一定在想，假如自己以后也遇到类似的灾难，最好就按照那个演说者所建议的：停在原地，等待援助。到现在我仍清晰地记得另外一个人所说的经历，故事是关于一个小孩和翻倒的电动割草机的。如果有小孩接近我的电动割草机，我将会十分谨慎，生怕有意外发生。很多培训班里的教师也认为，在听了班上学员的很多珍贵的经历后，一旦自己在家里遇到类似的情况，也都能立即采取行动，避免意外的发生。比如有人听了因煮饭大意而造成火灾的经历之后，便在自家的厨房里安装了一个灭火器；也有人把家里装有毒物的瓶瓶罐罐上面都贴上标签，并且放在孩子拿不到的安全地带。这是由于听了一名学员的简短演说，她叙述了发现自己孩子躺在浴缸里，手中握着装有毒物的瓶子，不省人事的经过。

这些教训让你毕生难忘，是说服性演说首先必须具备的东西。用这些例子，你可以使听众有所行动，尽管这件事发生在你头上，但你要让他们知道，任何一个人都可能随时遇到这些事。因此，他们应该能够理解并采纳你的建议，同你一样采取必要的行动。

建议二：演说一开始就详细叙述事例

用举例的方法来开始一段演说，效果十分明显，可以立即让听众集中注意力。这是能够做到的。一些演说者无法在一开始就吸引听众的注意力和兴趣，他们经常引用一些老掉牙的腔调或者烦琐的道歉这种听众不感兴趣的东西。比如"我向来不太习惯在大众面前演说"等诸如此类的废话，很让人讨厌。还有很多陈旧的客套语也不适合用作开场白,以防让听众失去兴趣。另外,不停地唠叨自己为什么选择了这个话题,或者表示自己还没有充分地准备好,听众其实立马就会看破这个事实,或者像牧师布道那样鼓吹自己的主题之类,都是要尽可能避免的。我们不妨从头等的报纸杂志的作者群中寻找一些窍门:直接开始讲你的实例,听众就会被吸引住。下面是一些十分吸引人的开场白:

> 1942年,我一觉醒来,发觉自己正躺在医院的病床上……昨天吃早饭时,我夫人正在倒咖啡,现在……去年7月,我驾驶着我那辆跑车飞驰在42号国道上……我的办公室大门猛然被踹开,我看到工头查理·范鲁莽地冲进来……我正在湖边垂钓,一仰头,却看见一艘汽艇飞快朝我驶过来……

如果你的开场白能包含"5W"和"1H"中每个问题的答案,即"人物(Who)""时间(When)""地点(Where)""事件(What)""为什么(Why)""怎么办(How)",你就是在用最古老的交流方式吸引他人的注意,这就好比讲故事"很久以前……",这是启发小孩想象力的神奇字眼。同样的道理,你可以在演说一开始便用自己的事例打开听众的心灵之门。

建议三:详述例证

实际上,一些细节被分散地叙述就会变得索然无味,就像一间满是乱七八糟的家具或装饰品的屋子并不会引人注目一样;一幅被画满过多场景的画也不会让人眼前一亮。同理,演说时如果叙述了太多的烦琐而又不重要的细节，也会令听众不能忍受。所以说，叙述细节的技巧就是：必须挑选与主题有关联的细节来描述，而且这些细节一定要能够强调主题所要说明的理由与观点。假如你想让听众接受"长途旅行前要仔细检查汽车的性能"这个观点，那么在进行详细举例时，你要集中阐明的主题就是"由于在长途旅行前，你没想起来要检修汽车的性能，结果意外发生了"。如果你说的是怎样欣赏沿途景色，或者抵达终点之后去了哪儿等细节，则会让你的叙述听起来很混乱，或者最终由于打乱了听众的注意力而影响了演说的效果。

通常来说，与主题相关联的情节通过具体形象的细节描述，就能让你所举的事例生动有趣，使人有亲临现场的感觉。假如要阐明导致一件车祸的原因只是由于"大意"，那这件事听起来一定是非常单调的，寡然无味的，并且不能使听众脑中产生要去检修车的想法。但如果是生动地叙说车祸的过程，通过使用能引起强烈感觉的话语去刺激听众，一定能产生不一样的效果。下面是一位培训班学员所讲的故事。他形象地说明，在寒冬开车千万要小心谨慎。

1949年的冬天，在圣诞节前一天的早晨，我在印第安纳州开着车沿着41号公路一路向北，夫人和两个孩子都与我同行。车在镜子一般的冰面上缓缓行驶了几个钟头，我谨慎地手握方向盘，生怕稍微抖动一下便会让整个车子失去控制。只有少数几个司机敢变线超车，而时间也仿佛车速一样缓慢地向前行走。

过了会儿，车子开到了一处比较宽敞的路上，由于路上的冰也在太阳光照射下消融了，于是我加大油门，试图节省时间。其他车子也都开始加速，刹那间，似乎人人都急切地要赶往芝加哥。两个小孩开始在后座高声歌唱，一点也没有想到灾难就在前面。

　　忽然，马路向上延伸入林地。飞驰的车子已经开到坡顶，我看到山坡北面低洼的地方由于被树木遮住了阳光，仍然是厚厚的冰雪。此时，想减速已是来不及了，我前面的两辆车飞快地滑下山坡，我也控制不住车，车飞速地滑下去。我们滑过路阶，在雪堤上面停了下来，所幸的是车身没有翻倒。但紧跟着我们滑下山坡的车却正好向我的车冲过来。车门被撞碎了，玻璃像刀子一般刺在我们身上。

　　这个故事的细节描述得非常详尽，很容易就把听众带入故事情境里。

　　总而言之，你的目的是要让听众能感觉到你所看到的，听到的，感受到的。要实现这一目标，就得使用很多丰富的词句来叙述更多的细节，就像我们在之前章节中曾经说起过的，准备一场演说要回答以下种种问题：人物？时间？地点？事件？起因？等，再通过你丰富多彩的语言和特定的语气来激发听众的想象力。

建议四：把你的经历再现在听众面前

　　除了进行详尽的细节描述以外，演说者还需要在讲述故事时在听众面前再现自己的经历，这样才能取得说服别人有所行动的效果。通常来说，伟大的演说家也是有天赋的表演家。实际上，表演这一品质并不少见，很多人在很小的时候便具备这种天赋。我们能够看到，很多我们所熟知的人都拥有这种才能，他们说话或办事具有节奏感，面部带有丰富的表情，模仿能力非常强，并且还具有表演哑剧的天赋。其实人人都具备这一珍贵的特性。或许我们并不拥有所有的资质，但我们可以部分地拥有这种才能，不仅这样，只要尽力挖掘，你的某种资质肯定还会得到充分的发展。

在列举事实时，所含的鼓舞和激励的成分越多，就越能留给听众好的印象。比如，如果演说者缺少再次创作的热情，那无论他将所举的例证叙述得如何详细，都不会达到好的效果。你想描绘一场火灾吗？那就想一想在我们与烈火搏斗时，是怎样从熊熊大火中生还的。你想让我们知道你是如何同你的邻居争吵的吗？那就再现这段经历，并突出某些特点。你曾经在水中死里逃生过吗？那就为听众讲述，在那个恐怖的时刻，你的心里是怎样的绝望或者怎样坚定信念生还的？你要设法让演说显得特别，这样你所说过的话才能给听众留下深刻印象。只有让听众对你的讲话印象深刻，才能让他们付诸实际行动。我们不会忘记乔治·华盛顿总统诚实守信的品质，很大部分是因为威姆曾经在华盛顿的传记里说起他砍樱桃树的故事。

在《新约》中，训诫和道德行为的例证也无处不在，比如《善良的撒玛利亚人》等故事。

为使你的例证能刻录进听众的脑海里，这种"以实际经历为事例法"的演说更生动，更能说服人，也更能让人理解。你在生活中获取的经验，一旦为听众所接受，那么这将对他们正打算去做的事产生作用。这样，你才进入了"奇妙公式"入门后的第二个步骤。

让听众清楚你对他们寄予什么希望

在以劝服为目标的演说中，引用例证的时间约占总演说时间的四分之三。如果你演说的时限是两分钟，那么现在你要说服听众采取行动，用来讲明采取行动对于他们的必要性的时间只需二三十秒。此时已没有时间详述细节，而必须直接表达自己的意见。其中技巧同新闻播报的技巧恰好相反。新闻播报首先用大字标题强调要点，接着再细致讲述新闻内容；而演说则先叙述内容，然后再归纳出观点，最后劝说听众采取行动。这一阶段必须注意下面三个建议：

建议一：用简洁的语言叙述观点

以明确的语言告诉听众，你希望他们做些什么。人们往往是在弄清楚状况之后才了解怎样采取正确的行动。最好先问问自己，到底要听众在听完你的陈述之后采取什么样的行动？写下你的观点，句子尽可能精简，就如同拍电报那样。尽可能让文字简洁清楚，一目了然。不要这么说："请为我们孤儿院的病人伸出援助之手"，这太笼统。应该这样说："请参加下周日郊游野餐的人员今晚来登记，有25名小孩需要照料。"要求采取公开行动是很重要的，一个实际的行动要比千万个想法好得多。比如"要经常牵挂着你们的爷爷奶奶"，这样的话太过含糊不清，人们依旧不能领会怎样去采取行动。不如改为"请于本周末去探望你的爷爷奶奶"，这样就更为确切了。与其说"要有一颗爱国心"之类的空谈，不如说"下周二去投票"。

建议二：提出易于操作的可行性方案

不管你谈论的是否是有争议的话题，作为演说者都必须要表明自己的主张，以便听众理解你的主张，并保证按照这个主张采取行动。因此，你最好在陈述主张时避免表现出疑虑或怯懦的态度。假如你希望让听众记住他人的姓名，你不能这样说："从现在开始，增强你们对于姓名的记性。"这话过于含糊，很难转变成为行动。应改为："下次你第一次与人见面时，要在5分钟以内，默念5遍此人的名字。"

一些演说者可以做到把可以付之于行动的主张具体详细地传达给听众，而另一些人话说得很含糊，蜻蜓点水一样。前者要比后者更能够说服听众付诸实际行动。比方说："请大家一会儿去讲堂后面在慰问卡上签字"，这样的效果要比告诉听众给班上生病的同学送卡片好很多。

在表明主张时，究竟肯定与否定的表达方式哪个更好，要回答这个问题就得从听众的角度去考虑这件事。并不是一切否定的语气都让人讨厌。比方说，要劝导听众不要采取某些态度或方式，否定的措辞在这种情况下就更有说服力。例如前些年一则灯泡广告上所说的："不要做一个抢灯泡的人"，这种否定的语气，也能达到很好的效果。

建议三：全力推销你的主张

所谓"主张"，是指你在演说过程中所要表明的主题或看法。所以，你一定要极力地推销自己的主张，想方设法让听众接受。

如同报上的标题会用惹眼的黑体字突出一样,你的主张也应该通过加强语气和声调来给听众深刻的印象。这是你给听众留下的最终印象,因此尽可能地让听众感受到你的真诚。在陈述主张时,不要表现犹豫不决的态度。这种坚定的态度要坚持到底,就进入"奇妙公式"的第三步骤。

让听众接纳你的主张

在此阶段陈述理由,请记住,简要仍旧是主要原则。此时,你要给听众以动力,让他们清楚自己采取行动能够获得什么利益,这样他们才能够接受你的主张,并按照你的要求去做事。操作时要注意下面几点:

建议一:提出与题目相符合的原因

有很多文章讨论怎样在演说中鼓舞听众。这是个大题目,对所有"说服听众采取行动"的演说都有效。这一章,我们说说有关短时间演讲,你只能用一两句话来告知听众并要达到效果的方法。你所举的例子必须相关联。比方说:假如你向听众述说了自己是怎样通过买二手车而节省下很多钱的经历,并由此说服听众去购买二手车,此时你需要强调的是他们如果购买二手车,会取得什么样的经济利益。要是大谈特谈二手车的外观比新款的车型更为新颖之类,那可就跑题太远了。

建议二:每次只推销一个主张

很多销售人员对你讲一连串为何要购买他们产品的原因。因此,你也要准备很多与例证有关的理由,准备随时服务于你的论点，但最好还是要选择一个恰当而特别的理由来支撑你的整个论点。在演说的尾声，要如同一份畅销杂志上的广告词那么干净利落。如果能有机会钻研一下那些极具智慧的广告词是最好不过的了，我确信这将很好地帮助你提高陈述主张和理由的水平。一般每个广告只能推销一种商品或推广一个观点。在热门杂志中，绝大部分广告不会一下子用好几个理由来说服读者。

一个公司很可能使用不同的媒体来做广告，但几乎没有在同一则广告中从不同角度做宣传的。假如你细致地分析这些广告，并认真研究一下其中内容，你将看到这些广告无一不是在运用"奇妙公式"来说服读者或听众购买商品。

当然你可以使用很多方法举证，比如说展示样品、表演示范、援引权威人士的话语、比较、统计数字，等等。

第二章　通告式演讲

某政府高官受邀在美国联邦参议院的调查委员会进行演说。他丝毫不懂得演说技巧，只会流水账似的陈述，不仅语意不清、思路混乱，而且言语散乱，没有侧重点；各委员听得糊里糊涂、如坠云雾，很快便坐立不安。后来一位北卡罗来纳州的萨莫尔·艾文议员在这当口说了一番话。他说，这位官员让他想起一对夫妻的故事。

一位先生委托律师帮他办理离婚手续。这位先生的夫人生得好看，做饭手艺又好，而且是个尽心尽力的母亲。

"那你为什么还想跟她离婚呢？"律师问道。

"因为她每天都唠叨不止。"这位先生回答道。

"那她都讲些什么呢？"

"问题就出在这儿，"先生回答道，"她从来没说明白过什么。"

这也是很多演说者的问题所在。一些演说者通常不能跟听众说清楚自己究竟在讲些什么,他们从不会确切地表达自己的意思。

前面我们学习了"奇妙公式",它教给了你如何在时间有限的演说中说服听众有所行动。而现在,我要说的是如何在向他人传递信息时,表达得更为清楚准确。

我们每天都要进行几次通告式的说话,来命令他人做某事。美国知名企业家欧文·杨曾大力强调,在当今社会,表达清楚的能力已经十分必要。他说:"当一个人能够做到让自己被他人了解时,机会的大门便向他敞开。"在现代社会,同别人合作是人人都要面对的,这就需要彼此间的理解交流。语言沟通是信息传递、加深理解的主要方式,因此,我们需要知道怎样去运用语言——不只是简单地使用,而是因人而异、有区别地灵活运用。

本章中我将介绍几种方法,以助你提高运用语言的能力,让你能够在演讲时语言清晰准确,并让听众能完全理解你的意思。拉威格·维根斯坦曾经说过:"一件事如果可以思考,就肯定能思考得很清楚;一件事如果可以讲出来,也一定能讲得很清楚。"

选好主题,限定时间

有一次,在为教员们做演说时,威廉·詹斯斯曾故意停下来强调,一次演说只能包含一个主题,而且阐明这个主题起码不能多于一个钟头。

我最近听到一场演说,这个演说者的演说时间限制是3分钟,在这种情形下,这个演说者讲他今天要说11个要点。老天啊!也就是说他平均只用16秒半时间来说一个主题!!不知道他是怎么有勇气来做这件显然荒唐至极的事情,这十分不明智。当然,这个例子很极端,但很多演讲者还是经常犯这种错误,只是程度不同而已,并且这种错误是初学者前进路上最大的绊脚石。这种错误就像一个美食向导企图用一天时间将所有巴黎美食都展示给游客一样,也如同有人要在半小时内将美国自然历史博物馆参观一遍。结果是,走马观花似的啥都没看到,也没实现娱乐的目的。很多演说者之所以没能让听众听懂他们想说的,是由于他们在有限的时间里说了太多的东西。在演说过程中,他们从一个话题跳到另一个话题,就如同山羊一样跳跃在论点之间,最后听众听了半天还是不明白。

举个例子,如果演说的主题是工会,但是你没有用3至6分钟的时间来说明工会存在的理由、工会运作的模式、工会干些什么、工会工作中的失误,以及怎么调解工厂内部纠纷等问题,而是用在了说别的东西上,那么,你所说的是绝对没人能弄懂的。所有问题都被搅和在一起,只剩下一堆混淆的概念、一个毫无结构的框架,或只是很多苍白无力的解释罢了。

只着重演讲一个重点绝对是聪明的做法。就一个主题,比方说工会,演说者用详尽的语言和充足的例子阐述这个话题,那么,很容易就能达到目的。这种演说将会给听众留下一个十分清楚而纯粹的印象。

有一次,我去拜访一家公司的总经理,看见他门上标签上的名字十分奇怪:"哪儿"。这家公司的人力资源主管跟我是老熟人,便向我解释那个名字的缘由。

"他的名字正适合他这个人。"我朋友说道。

"他的名字？"我问道，"他不属于这家公司老板琼斯的家族吗？"

"这个是他的绰号。"我朋友说，"我们都称他为'哪儿先生'，因为我们经常找不到他。他的职位继承自琼斯家族，他一点儿都没有必要为弄清楚整个公司的经营状况而担忧。他每天都在公司待很长的时间，但他都在做些什么事情呢？他一会儿跑来这儿，一会儿又出现在那儿，任何地方都可能有他的身影。他觉得任何地方都有重要的事情，就像营销部人员在检修电灯，却不清楚本该去做销售计划，或者速记员去研究如何选择纸张，等等。他很少待在办公室里，所以才得到'哪儿'这么个绰号。"

"哪儿"不禁让我联想到很多的演说者，他们不也像这样吗？他们本来有能力做得很好，但由于没有原则，费了一番苦心反而没有效果。就像"哪儿先生"事必躬亲一样。你听到过类似的演说吗？你会在听演说时很迷惑："他究竟在说些什么？"很多有丰富经验的演说者也经常犯类似的错误，或许是他们的经验让他们忽视了这些错误的严重性。因此，我们在演说中一定要紧紧围绕着主题。如果要让听众完全弄懂你所说的东西，那一定要让他们随时感觉到："我知道此人，我清楚他在哪儿。"

根据顺序安排观点

根据时间、空间或者特定的主题，任何话题都要依照逻辑顺序来排列。比方说，根据时间排列，主题的顺序就使用过去、现在和将来来安排，或者，你也可以选择一个特定的时间作为开始，接着围绕这个时间点的前后来阐明主题。再比方说，任何演说都是最初处于原料阶段，然后逐渐过渡到半成品阶段，最后才是制成品的阶段，而表现其中每一阶段的细节就要看你安排时间的能力如何了。

如果依据空间顺序来排列材料，可以根据几个要点来安排你的观点，再以这几个要点为中心，向东、南、西、北这些具体方向延展。比方说，介绍美国首都华盛顿，你可以以首都某座大厦为中心，围绕着这个大厦介绍四周不同方向的每个区域。假如你要描述的是一个喷气式发动机或一辆汽车，最佳方法是将它们拆散，分别介绍不同的零部件。

还有一些主题自身就含有内在的逻辑，比方说，你试图介绍美国政府的构成，那么你最好要根据内在的机构叙说，按立法、行政和司法三大分支的顺序来一一描述。

举出演说要点

让演说条理分明的简便方法是演说时让听众清楚你的演说要点，不断地深化听众的印象。

"我要讲的第一个要点是……"这种方式可能有些生硬，但并不严重。

当讨论完一个要点后，你可以确切地指明接下来要说的要点，这种方式可以贯穿于整个演说之中。在拉尔夫·邦奇博士还是联合国秘书长时，曾受邀参加纽约州罗切斯特城市俱乐部赞助的演说，当时他就是以这样的风格开门见山地做了这次重要演说的开场白：

今夜我的演说主题是"同人际关系对垒"，我选择了这个题目是出于两个缘由……第一个缘由是……第二个缘由是……

在整场演说中，他引导着听众，从一个要点到另一个要点，直至最后结束，他这么说道：

趋利心理是人类的本性，因此我们只好保持人与人之间的相互信任。

经济学家鲍尔·道格拉斯还曾在一次演说中利用这种方法力挽狂澜！当时，美国商业正萎靡不振，国会联合委员会正在为刺激商业复苏的事情争论不休，以税收专家和伊利诺伊州议员的双重身份，道格拉斯在此时站出来为他们进行一次演说。

"我主张减少中低收入人群的赋税，这是最立竿见影的方法，这是因为这部分人群通常会消费掉自己所有的收入。"

"尤其是……"他接着说。

"何况……"他又说。

"再进一步讲……"他继续往下说。

"有三个要素，第一……第二……第三……"

"总之，我们目前要做的是减少中低收入人群的税收，以刺激内需，提升购买力。"

擅长做比较

有些时候,你会发现自己试图清楚地表明自己的意思,却陷进一种毫无必要的解释怪圈;有时,你很明白自己在说什么,而听众也很明白你所说的内容,可是你却不得不对所说的内容作另一番解释,这时该如何对待呢?你可以将听众十分熟知和了解的东西拿出来进行对比或类比,也可以将听众熟悉的事物和不理解的地方相比较,等等。

假如你们正在探讨催化剂这一化学物质对工业的贡献:它能促使其他物质产生化学反应,而自身却不会发生任何变化。这个道理比较简单,但怎样才能更好地解释呢?可以用人们平日常见的事件相比较,比如说一个小男孩在校园里调皮,他绊倒或欺负其他小孩,可自己却从未受到来自其他小孩的任何伤害。

一些传教士在非洲国家传教时,就要面对类似的难题,当他们试图为当地的土著居民讲解《圣经》时,就不得不将这些对当地居民来说十分陌生的词汇转换成一些为他们所熟知的词汇。他们肯定不能按照《圣经》一字一句地进行讲解。要是他们真的这么做,那他们所讲解的《圣经》对当地居民来说是毫无意义的,因为他们根本就理解不了。比方说,有这么一句话:"虽说你们的罪是猩红色的,可事实上它们应当是像雪一样的洁白无瑕。"传教士肯定不能逐字地翻译这句话。当地居民根本就不清楚雪同他们所看见的丛林中的苔藓有什么不同。可是他们了解椰子,他们还常常爬到椰子树上,摘下椰果作为他们的食物。传教士只有利用这些为居民所熟知的东西作为比较。因此，他们将那段文字改说为："虽说你们的罪是猩红色的，可事实上它们就像椰肉那么洁白无瑕。"

在这种情形下，就很容易理解为什么要这么做了！

建议一：使用图例

月亮有多么远？太阳又离我们多远？哪些星星距离我们最近？科学家们总是运用很多的数学算式和数据来解答这些太空奥秘。但是科学家与作家们都清楚，对于普通的读者或听众来说，这些数学算式和数据确实是事实，但却不能被理解。他们只能将这些数据放入图例中来解释说明。知名的科学家詹姆士·琼斯先生对宇宙奥秘十分感兴趣。身为一名科学家，他当然明白这些数据代表的意义，也明白在演说或者写作中使用这些数据可以将内容表达得更为生动形象。

我们的太阳（恒星）及那些绕着太阳旋转的许多行星都距离我们很近，宇宙中还有很多天体距离我们十分遥远，远得我们都想象不到。琼斯指着自己的著作《我们身边的宇宙》说，就算是"最近的星体距离我们也有 250 亿英里"，为了使这一数据更为形象，他解释说道："如果一个人从地球出发，以 18.6 万英里每秒的速度朝着该星球前进的话，此人需要 4.25 年才可以到达那里。"

很明显，这种方法要比其他演说者更能让人理解距离的远近。

我曾听过一个演说者的演说，他试图用数据来描述阿拉斯加，却让人难以理解。他说阿拉斯加的面积是 59.0804 万平方英里，可是这一数据对我来说毫无意义。

你可不可以给我一张涵盖 49 个州的地图呢？为了使阿拉斯加

州的大小更为形象，我必须借用其他的事物来说明，最后我了解了，阿拉斯加的面积比佛蒙特、新罕布什尔、北卡罗来纳、南卡罗来纳、康涅狄格、特拉华、佛罗里达等 18 个州的面积加起来还要多。到此，59.0804 万平方英里具有了新的意义。你将明白，阿拉斯加是一个地域十分辽阔的地方。

若干年前，一位演讲培训班的学员这样描述发生在高速公路上的伤亡记录："如果你驱车从纽约到洛杉矶，设想一下耸立在地面上的是一具具的棺材，里边躺着去年因车祸在公路上死去的人。你驱车向前，每 5 秒钟便会看到一具棺木，一直从公路的这一端堆到另一端。"

听过这段描述以后，我再也不敢开快车了，心有余悸啊！

为什么会这样呢？听觉刺激很难给人留下永不消逝的印象，那些声音在耳边一闪而过，就好像冰雹落在光滑的山榉树皮上一溜而过。视觉刺激则不一样。还是在几年以前，我参观过一座位于多瑙河边的老房子，房子里有一门炮，是拿破仑的军队曾经在乌尔姆战役中使用过的。视觉刺激就好似那门炮一般，带着强烈的冲击，给人留下深刻印象。这甚至可以驱赶掉大脑中原存的反抗意识，就好像拿破仑勇敢地驱赶奥地利人一样。

建议二：尽可能不要使用专业术语

如果你是技术工作者或者专业人士，比如像律师、医生、工程师或企业家，那你要倍加小心。当你向外行人讲述自己的职业时，一定要让话语简洁朴素，还可以通过翔实的细节让对方理解得更为深刻。

倍加小心这点是很有必要的，我听过成百上千的演说者由于使用的专业术语而失败,并且失败得一塌糊涂。很明显,这些演说者对听众的一般状况不甚了解,不清楚他们的听众对其所说专业的了解程度。最后怎么样呢?演说者反复地解释,运用他们所习惯的专业术语发表见解,但对于不太了解这个领域的听众来说,他们所听到的全都是毫无意义的废话。

该怎么去解决它呢?他们应该好好听听印第安纳州前议员贝弗利奇的建议:

一个非常好的练习方法是,从听众中挑出一个学识较少的人,尽力让他对你演说的主题产生兴趣。要达到这点,就需要将事实叙述清晰,对来去缘由了然于心。更好的办法是,你对一群小朋友说清楚你的主题,当然,这些小朋友要有父母的陪伴。

如果可能的话,就冲自己高声地演说。这样,你就能锻炼用简练的话语来陈述见解,直至孩童能够明白你的话题,记清楚你对问题的解释为止。演说以后,他们如果可以清晰复述你所说的内容,就算成功了。

有个内科医生曾经在训练班的演说中说:"横膈膜呼吸可以辅助大肠蠕动,对身体十分有益。"我想,他可能想用一句话来打发掉他话里的那个专业术语,继续说其他方面。但指导员马上阻止了他,希望他将概念陈述得更为清晰,到底什么是横膈膜呼吸,这到底同其他呼吸有何不同,为什么此种呼吸对身体健康有益,而大肠蠕动又是什么?指导员的问题着实令这位大夫十分惊讶。

他只好回头重新阐释，再次细致地叙述了一次：

> 横膈膜是一层很薄的肌肉，就像整个胸腔的地板，也是腹腔的屋顶，它的上面是肺，下面是腹腔。当横膈膜不活跃时，也就是我们不呼吸的时候，它就像一个倒扣过来的洗脸盆。
>
> 当你吸一口气时，腹腔就会迫使横膈膜成弓形，最后几乎变成扁平状。这时，你就会感到腹部肌肉挤压着腰带。横膈膜将产生一种朝下的压力，可以刺激和按摩腹腔上半部的器官：肝、胃、胰腺、脾及网状结构。
>
> 当你呼一口气时，隔膜将会使得你的胃和肠产生紧迫感，并对它们做另一次按摩，这种按摩有助于消化。许多疾病的根源都是由于大肠没有很好活动。如果我们通过横膈膜进行深呼吸来促进肠胃运动，那绝大多数的便秘、消化不良以及身体中毒等病症都会在不知不觉中消失得无影无踪。

清晰地阐明一件事或一个物体，最佳方法就是从易到难，也即从简单着手，逐渐深入。比如说，你试图让一群家庭主妇了解冰箱是怎么制冷的，下面的解释显然晦涩难懂：

> 冰箱运行的原理是"由蒸发器将冰箱内的热气抽取出来"。随着热气被抽取出来，于是水蒸气携带着热气附着在蒸发器上，然后慢慢堆积成霜，从而形成绝缘体。

这时，蒸发器就需要使引擎加速转动，才可以弥补由于结霜而造成的绝缘后果。

如果将上面的说法稍微改动一下，变成普通家庭主妇所熟知的语句，一定很容易让人明白了：

你们都了解冰箱里放肉的冷冻库，也都清楚冷冻库里经常结霜。这些霜会越结越厚，最后就一定要把它清除以保证冰箱的制冷效果。冰箱内所结成的霜就好像床上铺的毛毯，又好比房屋墙内用来绝热的石棉。如今，一旦冰箱内的霜越来越厚，热气便越来越难以抽出来，冰箱也就越来越难以维持冰冻状态。此时，冰箱的发动机就必须要更费力才能抽出热气。如果你的冰箱有自动除霜设备，冰箱也就能使用得更久。

亚里士多德曾经说过一句十分经典的话："像智者一样思考，像常人一般叙述。"假如你一定要使用专业术语，那你只能一直解释，直到听众理解这个术语的意思为止。这绝对是真理，是演说艺术的精华，这一点你在演说中要不断加强实践。

有一次，我听见一位股票经纪人对一群妇女进行演说，描述银行业务和一些投资事宜。他的谈话用语十分简单朴素，并采用交谈的方式，使整个谈话非常轻松愉快，内容也十分详尽。只是部分基本用语依旧特别专业，像"特许权的买卖""票据交换""长短期股票买卖"等等。而这个股票经纪人又没有发觉到听众并不明白这些专业术语，以致本来很成功的演说失色许多。

当然，我们没道理不去使用一个对于理解演说内容十分关键的专业术语。在我们用到这个术语的时候，要及时地加以解释，千万不能够忘记这一点。

你可以演说你所关心的题材，不管是国家大事，还是生活琐碎之事。但不要忘记，所有演说里提到的专业术语，都要让你的听众可以真正理解。

利用视觉刺激

从眼睛至大脑的传输神经系统要比从耳朵至大脑的传输神经系统强大许多倍。科学家发现，相比于耳朵听到的信息，眼睛看到的要强烈25倍。

有一句中国谚语这样说："百闻不如一见。"

假如你希望能更清楚地表达意思，就使用图片来表现你的观点和看法吧。这也是美国国家资金注册公司创始人约翰·佩特森的理论。他撰写过一篇题为《系统》的文章，介绍了他为职员和销售人员演说时归纳出的方法：

> 我相信，个人仅凭口述是不能使人理解或引起他人注意的。必须还要使用一些强化手段做辅助。不管何时，更好的辅助方法是使用图片分别表达正确和错误的方法，图表比语言更视觉化，更具说服力，而图片要比图表更有说服力；对于内容，理想的表现方法是每个步骤都使

用图片，而文字只是在串联每个步骤时说明一下。我发现，在表现人际关系时，图片比任何语言都要清楚有效。

在使用图表时要注意图表要让人能够看清楚，不然的话就是多此一举了。而要用一个十分长的图表来阐明问题更是徒劳无益的了。

如果你要在演说过程中使用图表，那么要在黑板上大致地将图表的框架飞快画出来。很少有听众会对图表画得精确不精确感兴趣，只需大致清晰地勾勒出轮廓就可以了，在你勾画框架时也可以同时讲解内容，但是要重新将注意力转至听众身上。

你使用一些手段来展示时，请留心下面的建议，它会帮助你吸引听众的注意力。

不要让听众事先看到你的图板。在运用某些手段来展示图板时，要确认照顾到全局，使得即使坐在最后一排的听众也可以看清楚图板的内容。只有听众们能看清图板，才能从图板中学到东西。

在你说话时，切忌让图板在观众中传阅。当然特殊的间歇期除外，比方说演说后的投票时间，可以允许听众传阅图板。

在你向听众展示图板时，最好放在他们都能看见的地方。记住，如果可以的话，尽可能将你的图板制作得生动，效果会比单调的图板要好些。演讲刚开始时不要使用图板，要尽量与听众直接沟通，而不是让听众和图板沟通。

在你使用完那些图板的时候，尽可能放在听众看不见的位置。假如你希望为你的图板增添一些"神秘效果"，那就将你的图板放在桌子旁边或用东西将其盖住。当你在演说中要用到图板时，突然打开给听众看，给他们一个惊喜，但是要记住，事先不要告诉他们。在你打开图板的时候听众会产生好奇感，从而对它真正感兴趣。

为了使听众在演说中对演说内容有更加清晰的了解，使用视觉材料来辅助演说越来越成为重要的手段。要保证听众对你演说的内容有所理解，最佳办法是在他们面前说出你的想法。

两位曾做过美国总统的资深演说家说，想将自己要说的内容表达清楚，只有不停地练习并遵守原则。是什么原则呢？林肯说，我们必须对清晰表达怀着一种激情。他对诺克斯维尔大学校长格利佛说，在早年的生活里他是怎样运用这一激情的：

当时我还是个孩子，但自从懂事后，要是别人所说的东西我不能理解，我总是很气愤。当时在其他方面我也不是经常发脾气的人，但就是这方面老是让我感到愤怒，并经常这样。还记得有一天，我听完父亲和邻居们谈了一夜后回到自己的小屋，怎么也睡不着，晚上的大部分时间我都在屋里踱来踱去，设法弄懂其中一些人说话的明确意思，因为他们说的内容我根本都不清楚。我设法让自己入睡，可我做不到。后来，我一遍又一遍地重复他们说过的话,直到我弄懂了并且能够用最简单的言语表达出来,我知道这种话是像我这样的小孩都能明白的。这便是我的一种激情,直到如今,我仍旧保持这一状态。

另一个著名的总统伍德罗·威尔逊曾写过有关清晰表达的文章,这些建议十分适合于做这一章的结尾:

我父亲是个充满智慧和活力的男人。我在这方面的教育正来源于他。他一点都不能容忍他人表达不清晰。从我可以给父亲写信开始,一直到1903年81岁的父亲去世,我收藏了我给他写的信。父亲老是让我高声诵读这些信,这件事无疑让我非常痛苦。其中许多次,父亲让我停止朗读,然后问我:"这句是什么意思?"我回答了他,当然,我用的语言要比信上写的简洁许多。"你为什么不像刚才说的那样来写呢?"他接着说道,"表达你的意思时不要使用一些模糊的词语,或者企图将整个世界都用一个词概括出来,要学会用明确的词语来表达明确的意思。"

第三章　说服性演讲

我曾碰见过一种人，他们认识到自己正走在一条通往飓风的路上。这儿所讲的飓风并不是真的飓风，但有仅次于飓风的影响力。这里我想介绍的是这种飓风类人群中的一员——莫里斯·布莱特。他们那群人是如此描述他的：

我们在共进午餐。人们都知道他是声名显赫的、极具感染力的演说家。他一站起来大家就紧紧地注视着他。他正值壮年，衣着干净、生性开朗。他首先用平和的语气对能受到这次邀请表示感谢，然后他提出了一些严肃的话题，并说如果有什么冒犯，请我们原谅。

客气话就此结束。他忽然前倾身体，并扫了一眼全场的听众。虽然他仍然保持平和的语气，但却讲出下面那些令人震撼的话语来：

"瞧瞧你们的周围，"他说道，"大家彼此看一眼吧，你们知道现在在一起吃饭的人里将有多少人会因癌症而死去吗？你们之中超过40岁的人，25%将因癌症而死亡，25%啊！"

他停顿了一下，眼中闪出光芒。"这是简单而又严峻的事实，也是刻不容缓的事实，"他说，"我们可以做些什么事情来改善这种情况，经过努力或许可以弄清癌症的病因及如何治愈癌症。"

他望着我们，神情严肃，最后将目光停在桌子上。他问我们："对于此事，你们是不是希望有些作为呢？"除了肯定的回答，我们别无他选。"是。"我答道，现场的其他听众也开始喊出一样的话。我们顷刻之间被完全征服。我们的思路一直跟着他，直至我们彻底地变成他的拥护者。在此次征服与反征服的对阵中，他始终在为了人道主义事业而高声呐喊。

无论在什么情形下，听众们的积极响应是对每一位演说者最大的奖励和赞同。布莱特做到了这一点，他在演说时从我们那里得到了积极的配合和响应。他同他的兄弟赛纳从身无分文到经营了一家年营业额至少达1亿美元的连锁店。如此巨大的成功后面有这兄弟俩鲜为人知的艰辛。就在他们受尽苦难，准备享受美好人生时，赛纳却由于癌症离开了人世。自那时起，布莱特就在芝加哥大学创办了布莱特癌症研究基金会。同时他也决定在退休后，专门向有兴趣的人们提供同癌症搏斗的方法与建议。

赢得我们尊敬的正是这些事实以及布莱特的人格魅力。他的热情、爱心和真诚就像熊熊燃烧的火焰，在几分钟内点亮并照亮了我们。这几年他经历了人生巨大的变动，而他的这些坎坷也征服了我们，我们不自觉地认可他、靠近他，并对他的经历有强烈的兴趣，他感动了我们。

取得听众的信任

昆第廉曾这么描述演说者："一个有非同一般的说话艺术的人。"他还说到了演说者的人格与诚意。皮尔邦德·摩根曾说过："人格魅力是得到赞同的最根本因素，它也同样是让听众信服的资本。"亚历山大也曾经说过："一个人的话语能够表现出真诚，并且任何企图欺诈的人都不能模仿出这种真诚。"

特别是当演说的目标是为了劝服别人时，发自内心的讲话，用真诚来打动听众是相当有必要的。在劝服他人之前，我们得先确认自己的看法，将自己说服。

西北大学前任校长华德迪尔·斯曾这么说过："一个新的念头、观点或结论通常是在刚提出时被认为是完全正确的，除非有一种对立的观点指责它。"此话为听众对你产生一种认可心理的方法做了解释。我的好友哈利·奥维屈博士曾经在纽约社会研究学校进行过演说，验证了这一说法的有效性：

懂得演说艺术的人，会一直让听众做出肯定的响应。这样可以引领对方始终沿着自己的路线前进，就如同桌球一样，本来你是朝某个方向打，却因为中途有些偏差，等球弹回来时，就与你所期待的结果相差甚远。

在这儿，我们可以很快地掌握心理转变的方式。当某个人真的说出"不"时，它不仅是在说"不"这个字，他浑身上下所有的器官、神经、肌肉、内分泌组织，都进入了一种抵抗的状态。而如果他说"是"，这些抗拒的状态都会消失，态度也变为开放和认可。所以，如果我们在演说刚开始就取得很多"是"的赞同，那就十分有把握让他们将这一赞同的态度保持到你全部的观点中。

让听众说"是"，这是一个简单的技术活，但大部分人忽视了这点。或许会有人想，一开始就有听众不同意自己的观点，这恰恰能够体现出自己的独特与重要。实际上，这是自找麻烦。如果你觉得演说是为了得到争吵的乐趣，也许这么做还可以，但你若要达到另外一些目的，就不能干这么愚蠢的事了。不管是学生、客人、丈夫或者妻子，一旦开始说"不"，那这一状态就很难扭转了。

那么，我们怎样在演说一开始就得到观众的认可呢？非常简单。林肯曾经说过："我的方法是，先得找个大家都没什么意见的观点进入。"林肯发现，就算在探讨废除奴隶制这一敏感的话题时，这个方法仍旧有效。一份记录林肯谈话的材料中曾写道："在刚开始的半小时，他的对手都认可他说的每句话。从那时，他便开始控制整个谈话的局面，慢慢将话题引到他要说的问题上了。"

因此，在观点上与听众抗争，只会挑逗出他们的倔脾气，并使他们开始自我防卫，一旦这样，你就很难再掌控他们的思想了。如果你刚开始就讲："我要证明这个或那个给你们看。"听众就会感到讨厌并且心想："咱走着瞧。"

假如在刚入手时，你就突出与听众都能认可的事实，然后慢慢提出一些恰当的新问题，让每个人都愿意回答，这不失为一种好方法。在引领听众回答这些问题并同他们一起找寻答案的同时，让他们不由自主地认可你的论点，这样，他们才愿意接受你的观点。辩论的最佳方法，看起来应该仿佛是一场解说。

在很多争论中，即使双方意见相左，最后都能够找出双方可以接受的共同点。下面举例说明：

>英国首相哈洛·麦克米伦曾经在1960年2月3日到南非联邦的国会进行演说。当时南非仍然实行的是种族隔离政策。所以麦克米伦在南非立法院的演说中表示了英国对种族隔离政策的不同看法。他并不是一开始便高声反对这种政策。他首先强调了南非经济上的发展、对世界其他地区的援助等，接着，很有技巧地表达出自己对这一问题的不同看法。哪怕在这时，他还是不停地说："这些差别都是基于彼此观念的不同。作为大不列颠王国的公民，我们愿意对南非伸出我们的援助之手。但是恕我直言，在你们的很多政策上我们很难达成共识。在我们国家，我们一直在力求达到种族之间政治地位的平等。我们不该相互挑剔，而要跟朋友一样彼此帮助和鼓励。但事实是，在当今的世界，我们彼此在观念上存在着很多的差异。"

不管你的观点跟演说者有多么不一样，由于演说者展现出一种公正的态度，很可能让你无法反驳他的观点。

假如麦克米伦首相刚开始便对双方的差异大加强调，而不是先找出共同点，那结果将无法想象。詹姆士·哈维·罗宾逊在他的《思想的起源》一书中，就此问题做了心理学方面的解释：

>有时候我们发现稍微改变一下思想也不难，但要是别人过来直接对我们说你错了，我们肯定会觉得很气愤，并更如坚定自己不改变的决心。至于很多的信仰，我们本来对其组织或形式并不是特别在意。但是如果有人要强行将其破坏或者改变的话，我们会发现自己竟对这些信仰具有满腔的热情与坚定。显然，并不是这些信仰本身对我们有多么重要的意义，而是强行的破坏伤害了我们的尊严……"我的"这个词，是人们生活中最有力的词，甚至有可能是人类智慧的源泉。不管你说的是"我的"晚饭、"我的"家、"我的"爸爸、"我的"祖国、"我的"上帝等等，这个词都有同样的尊严。不光是当他人指出我们的表不准时或者我们的汽车很狼狈糟糕时会令"我们"气愤，甚至于对一些观念，比如火星上的轨迹、某个字的读法等等，如果有人说"我的"观点不对，一样会引起"我的"愤怒。我们乐于相信一些习以为常的观点，如果有人质疑这些观点，不仅会让我们很不愉快，还会促使我们找遍各种理由来维持我们的原有观点。

让你的热情感染听众

如果演说者在陈述自己的观点时能够更加具有感染力,并且将自己的热情传染给听众,最终将赢得听众的支持。我所讲的"热情能够传染"就是指这点,这种热情可以使得听众忘记了你们在观点上的对立。假如你的目的是劝服听众,那么请记住:鼓舞大家的情绪要比引起思考效果更好,同冷静的思维相比,情绪更能够引起行动。如果要煽动听众的情绪,演说者必须要先让自己的热情感染群众。不管演说的内容是不是真实、情节是不是东拼西凑、声音和手势是不是与场景相符,如果演说缺少热情,情节和手势再完美也派不上用场。

假如想让听众对你的观点印象深刻,你自己必须要先给听众好的印象。你的热情会借助眼睛发射出光芒,通过声音散播热忱,你举手投足的表现,都能直达听众的心灵。

在你为劝服对方而演说时,你所表现出的细节都能左右对方的反应。如果你表现得毫无精神,那就别指望你的听众会听得津津有味。你表现出随便或尖酸的态度,你的听众也会有同样的表现。亨利·沃德·比切尔曾经说过:"如果教徒在听布道时睡着了,那我们要做的只有一件事,递给教堂管理员一根细尖的棍子,让他立刻戳一下布道者。"

沃曾经受邀到哥伦比亚大学为一个演说比赛颁奖。算我在内,当天一共有三个裁判。大概有六七个大学生参赛。他们个个都接受过良好的演说训练,并都满怀信心。然而美中不足的是,他们将所有的注意力都集中在了怎样赢得那块奖牌上,却忽视了怎样真诚地对着听众演说。

他们的演讲主题明显与个人兴趣无关,而只是便于演说技巧的发挥。所以,所谓的演说比赛便成了演说艺术的表演。

仅有一位来自祖鲁的王子除外。他的演说题目是《非洲对于现代文明的贡献》。他说的字句中充满强烈的感情,而全然不是仅仅表现他的演说技巧。他用生动的事实说话,用真诚的热情和信念说话,他的发言代表了祖鲁人民,也代表了自己的祖国。

出于他的智慧、高尚的品德及善良的内心,向我们传达祖鲁人民的期望,以及了解我们的渴望,我们将奖牌颁发给他。尽管在演说技巧方面他无法同其他人相比,但是他言语真诚,那些真实的光芒深深感动了我们。相比之下,其他几名演说者的真诚都显得那么微不足道。

祖鲁王子在这遥远的国度使用了最能打动人的技巧,对其他演说者来说这是一个教训,那就是演说者光凭讲道理是不能让听众折服于你的人格的,你必须告诉听众,你自己是怎么被演说的内容所感动的,这个感动又是多么的深刻!

尊敬及爱你的听众

诺曼·文森特·皮埃尔博士曾这样说过:

人性之中有一个共性,就是需要他人的爱与尊敬。每个人的内心都存在着这么一份固有的价值认可,他们渴望被人尊重，希望维护自己的尊严。假如你在这方面触犯了他们，你便永远失去了他们的支持。反之，如果你对他们表达自己的爱和尊重，不仅可以使他们更加快乐健康，同时他们也将以加倍的爱与尊重作为报答。

　　一次，我同一位娱乐圈人士参加一个节目。在那之前我对他并不了解，但自从参加了那次节目之后，我觉得同他很难相处，并且了解了其中的缘由。那天，我在他身旁默默地坐着，等待演说的开始。他问我："你是不是很紧张？""嗯！"我回答道，"每次演说前的几分钟，在我站起来之前都有些紧张。我很在意每个听众的眼光，也希望不会使他们中的任何一个失望，因此会有些紧张，你不是这样吗？"

　　"这么紧张干吗？"他回答道，"让听众快乐非常容易，他们不过是一帮笨蛋而已！""我却不能苟同，"我说，"他们是公众人物，我们要尊敬他们。"

　　后来，皮埃尔博士听说这个人的名声江河日下。他清楚，这是因为这个人对观众态度恶劣。对于一个刚准备开始演说的人，这是一个值得思考的教训。

态度友好地开始演说

　　一个无神论者企图说服威廉·佩里，说宇宙里并没有什么超自然现象。佩里一言不发，他掏出随身的怀表，打开表壳说道：

如果我告诉你，这些齿轮、杠杆与弹簧都是自然形成的，并且自己组合起来，然后开始有规律地运转，你肯定会觉得我是个疯子。现在来说说那些星星，它们每个都有自己的运行轨道，行星同卫星围绕恒星每天以至少100英里的速度运行。每颗恒星都拥有一群围绕着它的卫星和行星，构成如同我们太阳系一样的星系。它们运行得如此协调，不会相撞，不会彼此阻挡，更不会迷失方向。这一切就仿佛是井然有序、效率稳定的巨大车间。你会相信这一存在是偶然的吗？也许你也不得不承认存在着一种超自然的力量吧？

设想一下，假如佩里先生刚开始就这么说："什么？没有神？你疯了吧！你说话就从来这么不经过大脑的吗？"结果会如何呢？我们很容易就可以猜想得到，一场激烈的辩论在所难免，而这种辩论解决不了任何问题。无神论者会如同一头发疯的狮子，为维护自己的观点和自尊，失去理智地驳斥佩里的看法。他之所以会有这种反应，在心理学上能够得到合理的解释，就像奥维奇教授所说的："他所谓的观点，一旦遭遇外界的反抗，就会自然而然地起身全力地维护，根本没空理会他人的反对是否有理。因为他本性中珍贵的尊严遭到了打击，他的自信心也将遭遇危机。"

尊严是人性中最敏感的话题。因此，我们若能对"尊严"善加利用，那可比与它为敌聪明多了。那我们该如何去做呢？听从佩里教授的话应该没错。在一开始时便求同存异，先告诉听众你的看法与信仰跟他们是一致的，或是类似的，然后，不管你对哪一方面追究，他们也不会坚决同你作对了。人们一旦开始认可你的观点，就很难再去反对。

佩里教授十分清楚人们心理活动的结构。他说，一般人在对他人心理的探索方面不是很敏感，因此他们在把握他人的认知过程、了解和探索他人的内心感触时，感觉很困难。此外，普通人还抱有一种错误认识，觉得一旦了解了人们的内心认识，再针对这一认识发起正面的进攻，将会完全攻破对方的观念。这么做的结果只会弄巧成拙，别人只会在你进攻的同时本能地对你产生敌意，从而关闭了与你进行心灵交流的大门。同时，他们还会如同武士一般身穿战甲，手持长刀同你对抗，他们全然否定你的看法，来让自己的信念更为坚定，最终结果便是吃力不讨好，他们会始终坚持自己的看法，说服工作便无法继续。

其实，我想介绍的方法并不是什么新鲜的主意，我只是在传播先人的看法。

古时候的保罗曾经在雅典人的摩斯山进行了一场十分有名的演说，在这次演说中他游刃有余地运用了一种技巧，并因此千古留名。保罗曾接受过高等教育，在他信仰基督教以后，他为传播教义而四处奔走演说。有一天，他来到雅典。当时雅典正处于庇里可斯（雅典政治家）后期，已经与以往大不一样，希腊正从最鼎盛的时期开始走向衰落。《圣经》是这么描述当时的情形的："雅典人及住在那儿的外来人无暇顾及其他事情，只爱每天谈论或听他人谈论最新发生的事情。"

当时还不存在收音机、电讯设备及其他任何传播新闻的媒体，那些雅典人只有天天下午四处打探消息。而此时，保罗的抵达刚好带来了他们喜爱的新事物。他们把保罗围住，觉得新鲜而好奇，还将他带到阿拉伯，对他讲："你所说的这些新鲜事，我们也能了解吗？因为你了解一些新鲜事，我们乐于弄懂他们是什么意思。"也就是说，他们是在邀请保罗进行演说，保罗当然十分乐意。其实，这就是他来这里的目的。于是，他往一块木板（或许是石头）上面一站，同很多优秀的演说家一样，起初都有点紧张地搓搓手、清清嗓子，然后才开始演说。

  由于保罗并不赞同雅典人请他登台演说的理由，"新教……奇事……"因此，他要改变雅典人心目中的这一观点。雅典是一个可以海纳百川的地方，即使这样，保罗也不想让自己传播的基督教义被当地人理解成为一种奇怪的、特殊的事物。为了不让雅典人对自己的信仰感到迷惑，也为了实现在雅典传教的目的，保罗在演说中将自己的信仰同雅典人原有的信仰结合在一起说。这是一个十分讲究技巧的方法，具体施行起来难度很大。他冷静地思考了片刻，终于开始了这场名垂千古的演讲："各位雅典人民，我发现你们凡事都非常敬畏神。"有些版本的《圣经》是这么记载的"你们都十分虔诚"。我觉得前者说得更好，也更加准确。这些雅典人祭拜很多的神，他们对自己的信仰感到骄傲。保罗这么讲很明显是在赞扬他们，让他们听到后觉得满足和愉快。于是会不自觉地同他亲近很多。而这正是演说艺术之中的一项重要技巧。保罗接着说道："因为我路过这儿时，看见你们的祭神仪式，我看到一座神坛，上面写道：给未知的神。"

  看看，雅典人对神是多么敬畏、虔诚！生怕忽略了任何一个他们还不相识的神灵，便特意为未知之神建造了一座祭坛。这就如同那些综合保险一般，涵盖了所有可能的险种。保罗说到那座神坛，表明他的赞美之词并不仅仅是客套而已，而是建立在事实的基础之上的。

然后，保罗便非常巧妙地进入主题："现在我来告诉大家那些你们不认识而祭拜的神吧……"保罗只是列举出一些简单的事实，便将自己的信仰同雅典人原有的信仰统一联系起来，演说之巧妙让人赞叹不已。

他又说到原罪及耶稣复活的事情，所用的也是些希腊诗句，便成功地完成了演说。当然，也难免会有人尖酸地嘲讽他，但还有更多的人表示："我们还想听你说这些事情。"

因此，要想将别人说服，或者让别人对你的话有深刻印象，最佳方法就是将你观念的种子撒入他们的心灵和思想，并不要引起对方的敌意。若可以做到这点，肯定能在演说时产生巨大的能量去掌控别人的意志。

这些珍贵的原则在我的著作《人性的弱点》中都有详述，它们对提高演说技巧大有帮助。

你几乎天天都要同与你意见相悖的人打交道，或是跟人讨论一些话题力图达成共识。你是否想尽可能地去改变这些人的看法，让他们认同你的观点？不管是在家里、办公室或者其他社交场合都差不多这样，而你所用的方法是否仍有改善的余地？要如何改善呢？是运用林肯模式还是麦克米伦呢？如果真是如此用心，你就兼备外交手段和敏锐的决断力。请记下伍德罗·威尔逊总统的建议：

如果你跟我说:"来,我们坐下来讨论。假如我们有不同的观点,让我们找出最大的矛盾所在,也就是问题的源头出自哪儿。"我们便会感受到,实际上我们只是某些观点有细微的不同,大部分还是一样的。只要相互之间有耐心,真诚相待,最后肯定能达成共识的。

即席演讲

前不久,一群商界精英与政府官员一同前往一家刚建好并运行不久的新药厂参观。这个药厂的研究主任派出六七名得力下属,为参观人员介绍他们研究的成果及进展情况。他们前不久刚研究出一种新的疫苗,对流行性疾病的抵抗效果很不错,新的抗生素能够杀死和过滤病毒,还能用来制造缓解紧张的新的镇静剂等。这些产品都事先在动物身上做过实验,然后再运用到人类的临床治疗,都有十分不错的效果。"很不错!"一名官员对研究主任说道,"你的这些职员像魔术师一般神奇,我们欢迎您也到台上说几句!"

"我只敢低头对自己的脚尖说话,不敢面对听众。"研究主任垂头丧气地回答道。

但在午餐的时候,司仪仍旧恶作剧似的抓住他不放。"研究主任还没有发过言呢。"司仪说道,"他不太爱发表正式的演讲,但是我相信他肯定乐意对我们讲几句。"

当时,气氛尴尬至极。研究主任只好站着简单地讲了两句,并不断地对大家道歉，这就是他演讲的全过程。

像这个研究主任，在他自己的研究领域可以说是游刃有余，却像普通人一样害怕在公众面前说话，真的是没道理。人人都要学会站起身，对着公众随意洒脱地即兴说两句。

在我们的训练班中，每个学员都掌握了这点。刚开始的时候，也有人不敢开口说。但是没过多久，只要他下定决心，就没有什么克服不了的困难，人人都能够完成任务。

"如果我有过充分的准备，并经过了多次的练习，那我很容易就能起身发表演讲。"你也许会这么说，"如果当场让我站起来即兴发言，那我就会发怵。"

迅速将自己的思想归纳整理好，要比准备长篇的演说重要很多。由于现代社会越来越商业化，面对面交流越来越频繁地出现在人们的生活中。你可以立刻梳理好自己的思路，并且顺畅地表达出来，这一能力在我们的交流中是必须要具备的。如今，很多公司或者政府部门的重大提案，往往并不是一个人决定的，而是由许多人在会议桌上共同探讨得出的。因此，人人都要提出自己的见解，要起身表达自己的观点才能博采众家之长，这便是即席演说能力的重大作用。

1. 经常练习

每一个有正常智商并可以适度自我控制的人，一般都可以进行得体的甚至让人称赞的即兴演说。所谓即兴演说或者即席演说，是指"不加思考地对听众说"的意思。一个叫道格拉斯·费邦克的影视明星在《美国杂志》上发表了一篇文章，介绍了影星之间用于锻炼应急能力的游戏，现在简单引用如下：

我们每个人都会想一个演讲题目,并将其写在纸条上,再将纸条折叠好放入一个盒子中摇摇。接着每人从中抽取一张纸条,根据纸条上的题目马上登台做一个一分钟的演讲。我们从来不让题目雷同。一天晚上,我抽到一张写着"谈灯罩"的纸条。你肯定会觉得这无话可谈,但你可以试试。更重要的是,我们每个人都从这个游戏中得到了锻炼,大大增强了我们即兴演说的能力,我们因此获得了许多有用的常识。但更令人高兴的是,我们学会了怎样在有限的时间里围绕一个题目去确定主题、组织语言,学会了怎样站着迅速地思考。

在我们的训练班里,学员会得到很多机会起身发表即席演说。我从多年的教学经验中归纳出一个结论,这种训练会达到两种效果:第一,让班上的学生学会站起来思考。第二,即席演说的经验将使得他们对准备充分的演说更加有自信心与安全感。他们发现,如果在演说中有意外发生,他们还可以进行即兴的演说来应付,直至重新回到所准备过的思路上去。

确实是这样,每隔一阵子,我们都会给班上的每个学员布置这样的功课:"今晚你们都将被分到一个跟其他人不一样的题目,但是,在上台之前你们不会知道自己分到的是什么题目。"结果会如何?一个会计登台前发现自己分到一个"谈广告"的题目,而广告商则分到的题目是"说幼儿园",一个老师发现自己的题目是"谈银行",而银行家则很可能必须得说说"学校教学",一位书记员抽到的题目是"说生产",而生产专家则会不幸地抽到"说交通"。

虽然他们感觉很刁难人,但是从来不曾表示过放弃。他们不会装作自己是个行家,只会在自己了解的范围里说些自己的看法。当然,刚开始时大家的演说谈不上有什么水平,但是毕竟他们都勇敢地站起身来张口就说。对一些人来说,这或许算不上什么,但对于另一些人来说,这可以说是一种挑战,他们并没有放弃,反而发现自己说的至少比原以为的好许多。他们甚至不敢相信自己也可能拥有这一能力。

我相信,这些人能够做到,其他人也同样可以,只要有刻苦努力的精神和自信心,再多加练习,就能够让这件事做起来越来越容易。

另外一个用于训练即席说话的方法称为"接龙游戏"。首先由一位学员讲述故事的开始部分,然后其他人再接着说下去。举个例子,第一位学员这样开始:"一天,我正开着直升机在空中巡逻,突然看到一群飞碟渐渐朝我扑来。我开始降落,但是距我最近的一个飞碟中,一个体格瘦小的人开始朝我开火,我……"

此时,铃声响起,意味着时间到了,便轮到第二个学员将故事继续下去。等每个学员都说完了,故事的结局就荒诞不经地变成火星上的沟渠,或者众议员的大厅,等等。

这也是锻炼即席演说技巧的方法。多做些这类的练习,等实际中需要进行即席谈话时,应对起来也更加自然。

2. 做好即兴演说的心理准备

当有人要求你做即席演说时,一般你需要就某个话题进行较为权威的论说。问题是,面对当时的情景,你必须立刻决定短时间内演说的内容。要想做到应对自如，最佳方法之一就是随时想着下个演说的就是你。假如你参与一个会议，你就得这么准备。如果此时你突然被要求发表谈话，你会说些什么，还是当场拒绝？

因此，我告诉你的第二个建议是：无论在什么场合或情形下，随时做好要演说的心理准备。

首先，你需要进行思考，这个环节并不困难。我相信每个即兴演说的高手在准备一个聚会前，都要用上那么几个小时去研究、分析那个场合的话题，就好比飞机驾驶员要时刻准备着飞机出现紧急情况时的应急手段。即席演说的行家，平常就勤加练习，那么所谓的即席演说就会有备无患。

在你已经获知演说题目后，接下来的问题就是怎样安排材料、调整时间及适应现场状况。即席演说的时间一般很短，在有限的时间内敲定你所需的材料，使之符合当时的情形。不必说准备不充分而抱歉之类的话。你要尽快进入话题，可以参考一下下文的几点建议来迅速安排好自己的演说。

3. 从举例开始

为什么会有这个建议呢？主要有三个理由：

第一，由于你大脑中已然存在的东西来源于经验，表述起来没什么困难。这样你便可以忘记"头一分钟的焦躁"，立刻进入状态。

第二，有利于抓住听众的注意力。就像我在前面所提到的，来源于你生活特定背景下的实例，必然会立刻吸引听众。

第三，在你开始演说的头一分钟，听众的注意力有没有被吸引住，这对于你的整个演说十分重要。跟人交流的过程是相互的，演说者对听众的注意力非常敏感，一旦感觉到被听众认可或者期待，就如同收到听众脑中的电波一般兴致勃勃地继续说下去，以回应和报答听众的注意和期待。这样，演说者同听众之间的气氛会变得十分的融洽，这正是成功演说的关键所在，也是一切沟通的关键所在。因此，我们建议你们从举例开始。

4. 让语言活泼有力

本书在前文也经常提到，演说者充满激情、声音洪亮高亢、浑身充满着活力，就能够很好地调动起现在的精神力量。你是否见过有人在演说中乐于使用手势来表达？在开始使用手势后，说话一般也会变得顺畅，甚至会灵光一现，获得听众的注意和赞同。生理活动同精神状态息息相关，这里举例子来说：我们经常使用同一个词语来表现生理或精神上的活动和变化，比如"捕捉一个想法""抓住某个念头"等等。威廉·詹姆士也曾经指出，一旦我们的身体充满了电，我们的精神也会很快振作起来。因此，演说的时候要全身心投入，要表现得活泼有力，这样肯定会获得听众的欢迎。

5. 随时随地进行练习

当有人拍拍你的肩膀说道："来说几句好不好？"可能事前没有一点暗示，也许你正在欣赏主持人的讲述，却突然发觉他让你来演说。人们的目光一下子全都聚集在你身上，你可能还没弄懂发生了什么，却已经被邀请做一次即席演说。在这种情形下，你很有可能会慌不择言、毫无头绪。就如同史蒂文·李卡克那个迷糊的骑手一般，他一骑上马背，就像只没头的苍蝇"四处乱窜"。此时，你要镇定下自己的心情。尝试着深深地吸一口气，尽快搞清楚聚会的性质，好决定你要说的内容。一般来说，听众最感兴趣的是他们自己。因此，至少有三个方面的内容可以成为你的话题：

第一，说些有关听众自身的事，他们是怎样的人，有过什么经历，特别是他们对社会或者人类做过什么贡献等等，并举出实例说明。记住，这是讨好的办法。

第二，说一些有关符合该场合的话。你当然清楚举行此次聚会的目的。纪念会？颁奖晚会？年度例会？或者是政治性聚会？

第三，如果之前你曾留意到别人说了些什么，你在演说的开头提及或者赞扬其他演说者也不失为不错的选择。成功的即席演说家所说的确实是即席的言论，内容一般都同现场状况有关联，比如听众、场面、其他演说者的看法等等。他们的演说就像特制品，特别为这一情景量身定制的，因此，成功也是意料之中的事了。

6. 即兴并不是信口开河

这也许同我先前论述的演说技巧有些不同。即兴演说并不是信口胡说，你需要将要表达的意思清晰而有节奏地说出来。你所列举的事例要同你的主题相符合，并且，如果你表现得满腔热情，就会发觉其实这种不经充分准备的演说，要更加的活泼，更具感染力。假如你可以将本章所讲述的这些建议熟记于心，并专门地加强练习，那么你肯定会成为一个优秀的即兴演说高手。当然，你需要不停地练习。如果你要参加一个会议，你可以在事前就做好准备工作，准备随时被叫起来做个简短的讲话。

你可能会被叫起来评论一下他人的讲话，或对此提出一些观点，切忌在他人讲话时走神，并且时刻准备将自己要说的话精简到几句之内。当你真的被叫起来发表即席演说时，就可以述说你事前预备好的观点，但是要尽量凝练。

诺曼是一名建筑大师，也是一名设计专家，他以前经常说，他只有在站着时才能将想法转化为语言。当他为他的同事讲解建筑或者设计理念时，总是在办公室内走来走去地说，并且说得特别精彩。当然，诺曼坐着时也能够发表演说，这对他来说并不难。

对我们大部分人来讲，站起来讲话就比较难解决了。我们不得不学习站起身说话，其实这也不是很难。要解决这一问题，关键是要有好的开始，将站起来演说作为练习的开端；接着，你可以让别人跟你一样进行一个简短的讲话，在互动中一起进步。

从此，我们会发现，站着进行演说非常容易，下一次演说都会比上次效果更好。最终我们会意识到，对着大众发表即席演说同我们平时与朋友私下谈话没有什么区别。

第四篇

沟通的语言艺术

第一章　掌握高效的沟通技巧

我来到纽约的一家邮局，准备向费城寄一封挂号信。排队时，我发现邮局的服务员心烦气躁地进行工作：他们递邮票、找零钱、开收据，所有工作都非常单调，长时间沉浸在这样的工作氛围中，会把人的情绪搞得很差。

我需要讲一些趣事儿帮助邮局的服务员高兴起来，这些事最好是和他相关的。或许赞美他能够让他高兴。不过他有什么值得赞美的优点呢？这把我难住了，特别对方现在是个未曾打过交道的人。

过了不久，在他为我服务时，我由衷地说："你的头发真是漂亮，真让人羡慕！"

他抬起头来，神情惊讶，但一会儿笑容浮现，非常客气地说："不比从前了！"我从这位服务员的笑脸中，学到了一个道理：你希望得到他人怎样的对待，你就该怎样去对待他人。

人们无一例外都希望与他接触过的人会由衷地欣赏他。要在他人的身上寻找到自我价值，必须先承认他人的价值。让我们共同遵守这则人际交往中的铁律：欲取先予。

例如，我们点了一份法式煎土豆，但服务生端上来的却是煮的土豆，我们这时不妨说："啊，对不起，要麻烦您了，我点了这里的法式煎土豆。"她就会回答："没关系，这是我的职责。"她会很快将你想要的东西给你，理由很简单，因为她得到了你的尊重。

礼貌用语，如"麻烦您""谢谢"等看上去简短的话，能够避免人与人之间大部分无谓的纠纷，同时，还让一个人的高贵人格很自然地表现出来。

出生于铁匠家庭的著名小说家柯恩，一生受过的教育一共不超过8年，但在告别人世时，他几乎成了最富有的作家。

原来，由于柯恩喜欢诗歌，就一直学习罗赛迪的诗，还就此写了一篇论文，热烈赞美罗赛迪在诗歌上的成就，并把它给罗赛迪寄去。罗赛迪看了很高兴，他说："这个年轻人在我的作品上有这样不错的见解，他肯定很聪明。"

不久，这个铁匠的儿子就被罗赛迪请到伦敦，并请他担任自己的私人秘书。此后，柯恩有更多的机会能够认识许多英国的大文豪，得到他们的悉心指导，他不久就声名大振，写作生涯也顺利展开。

柯恩是格利巴堡人，现在那儿已经成为一个旅游胜地。要不是那篇赞美诗人罗赛迪的论文，他的一生可能只能在穷困潦倒中度过，而如今，他的遗产总额高达250万英镑。

罗赛迪当然觉得自己很重要，这丝毫也不奇怪，几乎每个人都这样，都觉得自己举足轻重。莎士比亚曾说："人啊，骄傲的人，仅凭一点微弱的自信，便在上帝面前显示，天使也会因你而惭愧。"

我的讲习班里曾经有3位学员，他们利用了这种交际原则，效果好得出乎意料。

康州来的律师罗伯特先生到讲习班还不久。有一天，他和妻子开着车去长岛拜访亲戚，妻子安排他陪着姑妈聊天。罗伯特想在生活中运用在学习班学到的东西，让将来写论文方便一些。

"这栋房子是建造于1890年的吧？"他问姑妈。

"是，"姑妈回答他，"就是那一年。"

"这让我回忆起我出生的那栋房子，"他继续说，"它十分漂亮，工程质量也非常优良。但现在人们似乎不再看重这些了。"

"是啊，"姑妈点着头感慨，"如今的年轻人无所谓住房的美观，他们要的只是一栋小公寓、一台冰箱，外加一辆汽车，仅此而已。"

沉浸在一片怀旧的气氛中，姑妈轻柔地说："老实说这是一栋非常理想的房子，这房子还颇有些渊源呢。我和丈夫为此梦想了很多很多年，后来我们没有请建筑设计师，完全按照自己的想法营造它。"

姑妈领着罗伯特观看了各个房间，还欣赏了她和她的丈夫的收藏品。对她毕生所收藏的各种奇珍异宝——法国的床、英国的茶具、意大利的名画，罗伯特都给予了诚挚的赞美。

参观完房间后姑妈又带他去参观车库，一辆似乎全新的派凯特牌汽车在那里停放着。

"这是他离世前不久我们买的，他死后我就再也没有把它开出过车库。我要把它送给你，罗伯特，因为你是懂得欣赏的人！"

姑妈说。

罗伯特感到异常惊讶,他婉转地谢绝了:"姑妈,您的好意我心领了,这么贵重的礼物我无法接受,其实我自己已经有一辆新车了,您还有很多别的亲戚,我相信他们会需要它的。"

"亲戚!"姑妈大声说,"对,数不清的亲戚,他们盼着我早点死,然后就能够得到车了,但是没门儿。"

"姑妈,要是您不想送人,卖掉它也行啊。"罗伯特又说。

"卖了它!"姑妈又叫了起来,"我是卖掉它的那种人吗?我能眼睁睁看着陌生人在街上驾着它糟蹋?不卖!这是我丈夫给我的礼物。但我愿意给你,因为你了解它!你也会爱惜它的,对吧?"

我们尝试分析过这位姑妈的心理。她孤身一人住在大的房子里,屋子里那些精致、贵重的陈设是往昔繁华的明证。她曾经那样迷人,无数年轻人为她倾倒。她从欧洲各地搜罗奇珍异品,并建造了这栋"爱巢"以供陈设。

现在这位女士老了,孤苦伶仃,她多渴望拥有人间的温暖,可是哪怕是一丝真诚的赞美都没人能给她。当她得到真诚的赞美的时候,那就仿佛沙漠中见到泉水,使她激动,进而坚持要赠给这个给她带来温暖的人这辆派凯特牌汽车。

园艺设计家迈克乌霍有过这样的亲身经历:

在我学习了"如何交友和影响别人"的演讲后,很快就开始帮助一位著名司法官设计园景。我们研究了园景的设计之后,我对那位司法官说:"你那几条狗太可爱了,法官先生,我听说,你在很多次赛狗会中赢得过蓝丝带优等奖状。"法官说："确实,我十分喜欢狗,你是否有兴趣看看我的狗屋?"

我随他去看他的狗和他拥有的那些奖状。他搬出狗的家谱,为我讲解每条狗的血统来源,这些狗都十分可爱。

最后,他问我是否有孩子,我点点头："有,而且是男孩。"

他之后又问："你的小男孩是否喜欢小狗?"

"嗯,对,"我说,"我想应该是吧。"

"太好了,让我送他一条。"司法官点头说。

他教给我该如何喂养一条狗,片刻之后,他又说:"我这样说,你也许很快就忘了,让我替你记下来。"那位司法官进到屋里,在打字机上打出一张纸,把怎样喂养他送我的那条小狗的知识,介绍得既详细又清楚。于是,他送给我一只价格昂贵的小狗,还搭上了一个多钟头的宝贵时间。我认为,那是我对他的兴趣和他赢得的成就表示欣赏所获得的。

第二章　沟通时的态度

　　我从经验中看到，人们同身边的人沟通的方式只有四种。世界上的任何人都在用这四种方式交流。我所讲的这四种方式是：我们做过什么、我们看起来如何、我们讲了些什么、我们是怎么讲的。我们在本章首先讨论最后一种方式，也就是我们怎么说。

　　在我最初开办公共演说课程时，我让学员花费很长的时间来做发声练习，练习的主要内容是让学员们在说话时注意借共振来增广他们的音域，并让他们在说话过程中做到慷慨激昂、抑扬顿挫。不久我又发现，要想教会成年人将音调拔到最高，以及让他们流利地发出元音，几乎比登天还难。这种注重发声的培训对于那些愿意用三四年的时间来强化说话技巧的人来说，确实十分不错。但对于那些速成班的学员，我只能让他们保持原来的发音了。此外我还发现，将时间用在其他方面会取得更好的成果，比方说，帮助学员们练习"横膈膜呼吸"，或者帮助他们改掉原有的怯场或其他不良习惯。这项培训方法具有让人叹为观止的功效，并且效果十分持久。感谢老天的指引，最终使我找到了这种好方法。

消除自我意识的困扰

为了让学员不受到自我意识的干扰，同时让他们在面对听众时姿态更为开放，我专门开设了几门培训课程，目的是要打消人们怯场的心理和放不开的心态。为此，我让学员扔掉那些负面的心理因素，彻底放开来展示自己。其实，只要他们能够敞开心扉，他们面对的就将会是同样开放且热情的世界。我承认，为了做到这一点，我确实花费了很多功夫，但是我觉得这样做十分有意义。法国的马歇尔·富希将军在提起战争艺术时说道："它看着相当的简单，说起来却有些复杂。"同样的道理，为了使学员们不再感到焦躁、畏惧，在培训中最难改变的地方不是让学员身体上感觉不到局促不安，而是他们精神上的固执与习惯。这种精神上的固执，伴随人们的成长而越来越根深蒂固。

自然地站在大众面前演说不是一件容易的事。也许，演员对此有更深的体会。实际上，一个3岁的小孩反而会更轻松地就做到这点，可能他还没有讲台高，但却能够在众人面前毫不生畏，说个不停。而在他24岁或者34岁的时候，再叫他上台说两句，那情形便无法想象了。他仍能像3岁时上台演讲那么潇洒自如吗？或许吧，但绝大部分人会变得拘谨、呆板、很放不开。那形象就仿佛一只被雷声吓到的乌龟一般，刚把头伸出来四处张望一下马上又缩进壳里了。

在培训成人进行演说时，不能以改变他们的发声为重点，而要帮助他们清除演说时内心的障碍，解除他们心中的枷锁，让他们重获自然的表达能力，就算在演说过程中被打断，也会有很自然的反应。

不知道有多少次，我在他们演说中途打断他们，鼓励他们"跟普通人一样说话"。也记不清楚有多少个夜里，为了训练学员自如地说话而绞尽脑汁，直至自己回到家中，仍然感觉身心疲惫。有些事情说起容易，做起来难。

在一堂训练课上，我让学员们练习情景对话，分配了一些角色让他们去扮演，一些角色的台词还需要用方言来说。我让他们尽可能地进入角色，不要轻言放弃。在演讲过程中，他们自己都惊讶于自己的表现，尽管演技有些僵硬，但是他们在演说过程中对其中一些学员的演说天赋却刮目相看。我的观点是：在演说过程中，如果你精心梳理整齐的头发掉下来一绺，你还可以跟平时讲话时那么不介意的话，你的演说就达到平日说话那种流利的境界了。

这时，你将感到毫无拘束，你从此学会了怎样顺畅地演说。为什么人们会喜欢去看话剧或去看电影呢？这是因为在那儿，他们看见自己的同胞在舞台或者银幕上无拘无束地尽兴地表现！在那儿，他们还能够看到人们完全陶醉在自己的感情和胸襟里。

勿模仿别人

演讲者在演讲时所表现出的天赋让我们欣赏，他们不害怕表达自己的看法，也擅长利用一些独特的、富有想象力的、极具个性的方式，说出听众们乐于倾听的语言。

一战结束之后，我在伦敦遇见了新婚不久的罗斯·史密斯与凯恩·史密斯兄弟俩。他们凭借从伦敦到澳大利亚的首次飞行壮举获得澳大利亚政府5万澳元的奖金。此外，他们这一壮举也极大地轰动了大英帝国，英国女王为了奖赏他们，专门给他们颁发了一个爵位。

哈雷上尉是一名知名的风景摄影师，在两兄弟的首次飞行中，他一直随同他们，坚持飞行到了最后，而且用相机照下了许多传世的相片。我是在伦敦的"爱乐厅"认识他们的，我帮这兄弟俩设计同演说相关的画面的展现方式以达到最佳视觉效果，同时还得培训他们怎样更好地将这次非凡的经历在演说中陈述给听众。他们在伦敦的演说安排如下：每天下午演说一场，晚上还有一场。两兄弟每天轮着做其中的一场。由于效果十分理想，这个活动竟延续了4个多月。

可以说，这两兄弟有相同的经历，曾经一起飞行穿越半个地球，并且他们的演说词也相差无几，连所用词汇也大同小异；但假如你听了他们的演说，你将发现他们简直在说着毫不相关的事情。

出现这种神奇的效果，要归功于演说里的几个关键词。这些极具个性的词汇，赋予他们的演说以不同的感觉。在你对听众叙述自己的经历时，就算述说同一个细节也不需要每次都用同一个词！

布鲁洛甫是俄国的大画家。在一次批改完学生的练习作业之后，学生看见修改的作品非常惊讶，不禁惊喊道："怎么你就改动了一小块地方，感觉就大不一样了呢？"布鲁洛甫答道："这边边角角正是艺术的生命所在。"

确实，绘画的道理也同样适用于演说艺术，就像同一首乐章由两位钢琴师来演奏，只要风格有些细微的不一样，效果就大不相同。演说也是一样。曾有这么个说法流行于英国议会："所有的事情都取决于人们的表达方式，而不是看它本身的真相。"其实，这句话著名的教育家昆提连在很早以前就已经说过，当时英国还在罗马帝国的殖民统治之下。

我们能制造出一模一样的两辆汽车，却找不到完全一样的两个人。每个生命都是独立的一个个体，就像不可能有两件事情完全雷同一样。青年人就是要这么去认识自己。他们需要在自己的性格中找到独特的一面，正是由于这些独一无二的特点，使得他们每一个都与其他人不同，并且他们还可以由此发掘出更深层次的价值。社会经常将全部人都用同一个模具来打磨，它惯于将全部的人都打磨成一样的造型。但是我想强调，不要让我们生命中的闪光点被磨灭掉，这是我们立足于社会的必要性和重要性的唯一依据。

可以说，这也是成功演说的真谛。在地球上，没有另外一个同你完全一样的人。虽然人人都长着两只眼睛、一个鼻子与一个嘴巴，但人人都有差异，在其他人中更是没有谁跟你的个性、爱好及思想完全一样。

在你很随意地说话时，你的这种表达自己观点的方式很少还会有他人使用。也就是说，你是这么的特别。对于一个演说者来讲，独特就是你最珍贵的涵养。把握它！利用它！珍惜它！闪烁着你的个性的火花将为你的演说带来极大的魅力，同样也是真诚与热情的来源。这是你自己独一无二的确切证据。朋友，我请求你们，千万不要磨灭掉自己的个性而显得毫无特点。

第三章　演讲是沟通的艺术

下面我们来举个例子，来看看通常人们进行演说的方式。

一次，我刚好在瑞士阿尔卑斯山下的一个风景秀丽的城市逗留。当时，有一家伦敦人在当地开的饭店，饭店老板每个星期都会从伦敦邀请一些演说者来为客人演说。有一回，他们邀请了英国一位知名的小说家来演说。她的题目是"小说的前景"，她自己也认为所选的题目并不合适，且无法预测此次演说会持续多长时间。她所在意的只是，她能否将她所看中的价值传递给我们。于是，她匆匆拟就一个浮皮潦草的提纲，接着，当她面对听众演说时，她彻底忘记了听众。她从没有将视线落在听众身上，而是越过他们的头顶，或者低头看底稿，或者望天花板。她言语含糊，眼神迷离，声音似乎从很遥远的地方传来，充满了原始的力量。

这根本不是演说，她只是在说梦话而已，根本就没有与听众的互动交流。而与听众的线动交流恰恰是一个出色演讲的第一要素。在听众倾听演说时，他们希望演说者说出的话正是他们内心所想的，同他们的思想彼此映照。唯有这种演说才能发人深思，达到效果。

上面例子里的那个演说就像面对沙漠的风化物和戈壁上的遍地黄沙作报告一般，演说者没有认识到她面前是活生生的人。

如今许多关于提高表达能力的书都是胡说八道。它们用一些标准和规则将"表达"弄得就像神秘的学术。古老的"雄辩术"一旦应用到现在的演说中，将会显得非常荒诞。商人们不会去书店或者图书馆寻找有关"演讲术"的书籍，因为那些书起不到任何作用。虽然如今的学校在演说教学方面取得了一些成果，但许多国家的孩子仍然被老师要求去记诵那些言语华丽而不实用的《演说者的雄辩术》。这本书既像一台老旧的抽水机该被淘汰了，又像古时的鹅毛笔一般没有任何作用。

20 世纪初，有的学校设了一种新式的演说课。从时代的角度看，这种课程是十分现代化的。演说教程直接运用了图表，还有广告。但是，那些曾经流传一时的胡言乱语，在今天的听众听来，显得太俗气了一点。

我们这个时代的听众——不管是商业会议上的十多个人，还是帐篷底下的千余人，他们要求演说者的演说轻松活泼。演说者要让听众感觉到演说者在同他们交流。演讲者对 40 名听众演讲，一定要比对着一个听众演讲要更费脑筋。为了取得成功，他只有让自己看起来更加随和，带给人们一种亲切感。

有一次，马克·吐温在美国内华达州军营的演说刚刚结束，一个老者走过来对他说："你能不能让你的个人演说听起来更加自然呢？"

"让演说听起来更加自然"，这是听众的期望。怎样才能让演说更加自然呢？唯一的办法就是练习。在练习时，如果发觉自己有些特定的表达听起来不太自然，那么请停下来反省，不留情面地问自己："问题究竟出在哪儿？清醒点！要人性化、要自然。"接着设想你在听众里挑出一个人，可能是坐在会场靠后的人，也可能是听众中正要走神的人，你跟这个人交流，并且想象他问了你一个问题，而且只有你能够回答他这个问题，你现在正在作答。如果他是站起来的，那你也站着回答他。经过这样的练习，肯定能让你的演说变得愈加平缓，越来越像平时与他人的沟通，表现得流畅、自然。在你进行相关的练习的时候，假想自己正面对着真实的听众。

经过这样不停地训练，或许会有不错的进步。以后你或许会感觉到你在非常逼真地假装观众提问，并且可以一一作答。比方说，你在演讲中可以这么问："大家心里是否有这种疑问：我的观点有没有证据来证明呢？当然，我确实有充分的证据来支持我的说法，下面开始举证……"接着，继续回答自己的提问。你的演说会因这种做法而显得更为轻松，就像在跟朋友闲聊。

在社区委员会进行谈话时，你应该持有就像在跟老朋友约翰聊天一样的态度。社区委员会没有什么特别之处，它就是一群同老朋友约翰差不多的人聚起来的群体。你独自面对约翰时能起作用的方法，拿来应对他们整体时也一样起作用。

在这一章的头几页，我们曾提起过一位小说家演说失败的故事。几个晚上之后，也就在她曾经演说过的那个大厅内，我们十分荣幸地听到了奥利弗·劳兹爵士题为"原子与世界"的演说。这个题目对于奥利弗来说应该是游刃有余，他投身于这一研究领域已有半个世纪之久，他始终在思索、实验与探究这一问题，在某些方面已经彻底将自己的灵魂、思想与生命融入其中。有关这个题目，他觉得自己有一些东西必须得说。在台上，他忘记了自己正在演说，他心里只想着要让听众了解关于原子的事，并且尽量以准确、顺畅且充满人情味的方式对大家说。你看，他在台上热情饱满，尽情地同大家分享他看到和体会到的东西。

　　结果怎样呢？他进行了一场卓越的演说，魅力四射。他的演说带给听众难以忘怀的印象，而他的演说艺术也是炉火纯青。我相信，他想都没想过自己竟会是一名演说家，我也相信，凡是听过他演说的人，根本也不是将他作为一名公众演说家来看待的。假如在你进行了公开演说之后，听众都觉得你应该接受过公开演说的培训，这可不是什么好现象，你千万别以为这给你老师争了光。相反，身为你的老师，我要求你用轻快自然的姿态去演说，让听众毫不在意你是不是受过正规的培训。一扇好的窗户，它自己是不会十分惹眼的，只是默默地让光线通过。好的演说家也应如此。他是那么自然而不设任何屏障，听众也不会在意他说话的神情，只会聚精会神地品味他所陈述的观点。

全身心投入

　　真诚和热忱也会帮助你。跟着自己的感觉走，内心真正的情感将自然流露，热情会帮你清除所有障碍，让你的行为回到最原始的状态，言语也就变得自然，更能展现真实的自我。

　　总之，要是演说还有什么窍门的话，那就是本书强调再三的：

全身心地融入你的演说。耶鲁大学神学院院长布朗说过一个故事:

> 我的一个友人在伦敦出席过一次教堂仪式,之后他为我描绘当时的情景,让人永远难忘。
>
> 这位友人说,当天是知名牧师乔治亚·迈克唐纳在布道。早上,他念完《新约》的经文后意味深长地说:"大家都听说过,先知是如何执着于自己的信仰,他们的事迹你们都知道。什么是信仰,我不必多说,神学教授会有更好的解释。怎样帮你们树立自信,才是我到这里来所要做的。"然后,他又用真诚、高贵的姿态,述说了他自己永恒超然的信念,希望以此帮助他的教友树立坚定的信念。他倾注全力的演说得到了听众的认可,效果惊人。之所以有这一成果,完全是由于他诚恳的话语出自他心灵深处的感受,因此,他的思想给人的感觉是美善的。

乔治·迈克唐纳获取成功的秘诀便是倾注全身心于自己的工作,这一秘诀当然对其他人也适用。当然并不是所有人都遵照这个秘诀,可能是因为它不太明确。对于一般人,他们希望得到简单明了、能轻易执行的建议,就像汽车驾驶手册,每一步都有确切指示。

普通人会有这种念头并不奇怪,我也有过这种念头,希望可以提供他们所想得到的那种忠告或建议。这样的忠告或建议最好容易执行,这样的话我的工作也将简单很多。但遗憾的是,我想对大家说,这种建议是不会存在的,即使有,也没什么效果。这种忠告或建议只会使你的演说变得没有活力、不自然、失去光彩,不能引起观众的兴趣。我在年轻的时候受到过这样的教训,当时,我下了很大的功夫来思考和练习这些易于执行的规则,最终一无所得。那些所谓的硬规则不会在本书出现,就像乔希·布令思用他轻松的语气说:"了解再多没用的事物,仍旧是一无所知!"

埃德·布克所作的演说词工于谋篇布局和逻辑推理,到现在都是美国大学演说课中的经典案例。但是作为一个演说者,布克却完全是一个失败者。他不能够将自己最优秀的一面展现给听众,让演说散发魅力和影响力。因此,人们戏称他为"国会下院开饭铃"。每当他登台开始演说,其他人就开始做小动作、擦鼻涕、咳嗽或打瞌睡,最后离开。

你可以用浑身力气将子弹壳扔向一个人,尽管如此,你仍然不能在他衣服上穿出一个洞。你用星星之火点燃子弹里的火药,它便可以立刻击穿一块木板。演说也是一样,我十分遗憾地告诉你们,一场让人没有深刻印象的演说就如同那颗没有弹药的子弹壳一般,不会在听众内心留下任何痕迹。

让声音有力并抑扬顿挫

除语言之外,我们声调的变化及肢体语言传递的信息,都是我们同听众进行沟通的信息渠道。不管是挥舞手臂、耸肩、颦眉、增加音量、调整声调与音调,并且按照题材和场合的不同而调整说话的速度等等,都涵盖不同的意思,向听众传递不同的思想。值得一说的是,上面同听众交流的方式都是我们强化演说训练的效果，并不是我们生来便有。

　　在我们日常的闲谈中，由于受自己精神状态和情绪的影响，我们也可能出现声音和音调转换甚至音色不一样的时候。正是由于这一点，我们才让演讲者在挑选题目时，最好选择那些自己熟知并且十分感兴趣的话题。也只有这样，在演说时，我们才可以就所说问题同听众进行自然、亲切的交流。

　　儿时的自然纯真会随着我们的成长而消失殆尽，人们会不知不觉陷入某种固定套路，包括声音习惯和肢体语言。与小时候相比，绝大部分人越来越失去活力和光彩，人们长大后就不太使用手势，也不想或者不擅长与人说话时音调抑扬顿挫。就算是出于自然的反应，许多人也不让其流露出来，当然，这种抑扬顿挫是源自内心的。长久下来，我们说话和与人沟通就变得固定而呆板，有时候甚至连音量的大小都固定，就不用说运用个性词语了。

　　我们在此书中再三提醒大家演讲时要自然，或许有人会对这句话有误解，觉得"自然"便是可以随意乱说话，对话语中的词句毫不留心。完全不是这样！我在书里所讲的自然，是让演说者聚精会神、顺畅地将自己要表达的观点传达给听众。无论何时都别觉得自己已经做到最好，将词汇发挥到了极致，不能再更富想象力、不能再改善了。这是不可能的！天外有天，人外有人，永不懈怠地追求更有效的表达方式，正是一个优秀演说家自我磨炼的方向和目标。

　　为提升自己的演说技巧，首先要做到了解自己的音调、音量和语速。要准备一台录音机，另外，还可以请朋友来测试。若是有条件，最好能接受相关方面的专家指导。

　　但是不能忽略一点，这些练习和测试都没有涵盖听众这一因素，即使你将上面所说的细节都演绎得无与伦比，那也不能说就是成功了。你在听众跟前的演说效果如何是最重要的，要始终记得在听众跟前的演说艺术，要清楚如何才能有效地表达自己的想法。一旦站在大庭广众之下，就要倾心于演说中，全神贯注于听众的感情与精神上的反响和冲击。那么，你在表达和交流能力上的提升便会比在本书中学到的更加有效。

第五篇

实现语言的突破

第一章　介绍演讲者、颁奖与领奖

当你接受别人的邀请当众演说时，你的职责可能是要让另一个演说者起身做一个通告、娱乐或者说服性的演说。假如你负责某个组织的活动，或者你是妇女俱乐部的一员，你演说的任务是向全部成员或者出席者介绍此次会议的主持人及他的主讲话题。此外，你或许会期望在本地的俱乐部进行演说，或需要向销售人员、工会或政治集团发表自己的意见。那这一章的任务，便是为你准备介绍词、领奖词及颁奖词提供一些有用的建议。

约翰·马森·布朗既是一名作家，也是一名演说高手，他生动有趣的演说赢得了美国各地无数听众的好口碑。在他的演说经历中，就曾遭遇过一个不称职的主持人。

那个主持人对布朗说："讲什么都不要紧，别因此而忧愁满面，我认为演讲就不需要准备，看，准备也没用，会破坏掉事件的整体美，令人扫兴。我每次上台时，灵感就在我起身的一瞬间来临。"

那个主持人说得神采奕奕，连布朗都觉得经过他的一番精彩介绍，演说氛围肯定会十分热烈。但是结果很令人失望，那个主持人站起来后讲得十分糟糕。布朗曾经在一本题为《习惯自我》的书里回忆当时的情景，那个主持人说：

> 女士们先生们，请注意，我要通知大家一个不好的消息，本来今晚是埃萨克·玛克森先生来这里演说，但很遗憾，他因病不能前来。（鼓掌）于是，我们打算请参议员博莱德来救场，可惜的是，他由于公务缠身也不能到场。（鼓掌）然后，我又企图邀请堪萨斯州的洛德·格博士过来，可还是不成功。（鼓掌）最后，没办法，我们只好让约翰·马森·布朗来对付一下了。（全场寂静一片）

这次演说是布朗先生演说生涯里的一场灾难，他只用一句话来评价："还好那个自以为是的家伙没把我的名字讲错。"

那个盲目相信灵感的人，虽然本意是好的，可实际上做得很糟糕。他的介绍不仅不得体，还让演说者很难堪，更愧对于听众。尽管他并不用负什么重大的责任，但却产生了不好的影响。更让人头痛的是，许多节目主持人竟然对此浑然不知。

介绍词与社交中的引见功能一样，它可以拉近演说者同听众的距离，让感情更为融洽，气氛更加和谐，它就仿佛桥梁一般有沟通的功效。也许有人觉得介绍人除了介绍演说者之外没其他可说的，这一说法将事情看得过于简单。假如存在人为的破坏演说的行为，那么介绍失败同这个没什么不同。有些介绍词对演说者的演说损伤极大，这是由于主持人根本不了解介绍词的重要程度。

"介绍词"一词，从构词上来看，由两个拉丁词根组成，即"内部"和"引导"。加起来便是引导听众进入演说内容的深层，以便他们可以更加深入地理解即将要听见的相关演说内容。此外，介绍词还可以引导听众，使他们信任演说者有资格谈论他们即将探讨的内容。也就是说主持人应该像推销员一样，他的产品就是演说者与演说主题，他需要做的便是在尽量短的时间内将产品顺利推销出去。

这便是介绍词所应该达到的效果，但并不是所有主持人都可以胜任。成功者通常不到20%，这里要特别突出这个"不到"。因为大部分人的介绍词太过空洞，让人无法接受。假如你在做介绍时明白自己所肩负责任的重大，并应用恰当的技巧，那么你肯定能够成为受欢迎的主持人了。

如下的一些建议将会帮助你准备一套内容完备的介绍词：

认真准备

尽管介绍词一般限制在一分钟之内，但是我们仍然需要认真地准备。首先得搜集材料，主要包括三个方面的内容：一、演说题目；二、演说者对此题目的谈论资格；三、演说者的背景。必要的时候，还得再添加第四项内容，就是向听众强调此次演说会怎样有趣，值得一听。

当然，在事前你一定要完全清楚演说的题目与内容，并且要了解演说者对题目的掌控程度。假如演说者对你的介绍提出异议，并且声称你所介绍的某个部分不符合他的立场，那么场面就尴尬了。为防止发生此类情况,最好在将演说题目介绍完毕之后,不自作主张地猜测演说者的看法。主持人不仅是充当报幕员的职责,还要点出演说题目同听众兴趣之间的关系。在开始介绍之前,你最好与演说者交流一下,直接获取确切的信息。如果需要第三者如节目主持人的帮助,则要设法获取书面材料,并且在演说之前同演说者确认一下。

大多数介绍词的准备也仅仅是获取资料以确定演说者的资格。有时候,你的演说者或许闻名遐迩,你便可以通过《世界名人》或者类似的报纸杂志获得他的确切资料。假如他是一位来自地方上的人物,你可以通过他的单位获得资料,并经由他的家人或朋友的核实,这才是最先要做的事情。

当然,说得太多也让人生厌,特别是当演说者拥有的博士学位已经显示了他的知识水平,如果还在不停地强调他的学士、硕士学位,就会画蛇添足了。同样,你只需点明演说者截至目前的最高与最近的职务就行了,千万不要罗列清单似的说出一大堆他的履历。总而言之,突出主要的,忽略次要的。

有一位家喻户晓的著名主持人,他曾介绍过爱尔兰诗人叶芝。在一次诗歌会中,叶芝准备诵读自己的作品。3年前,叶芝获取了诺贝尔文学奖,这是给予作家的最高荣誉。我相信至少十分之一的听众清楚这个奖项的权威性。叶芝诵读诗歌前,主持人不管怎样都得提及此事,哪怕忘记了说其他任何事。但主持人说了些什么呢?他绝口不提此事,反倒离题万里地去乱讲什么希腊诗歌和神话。

此外,主持人的另外一个重要任务是确认演说者的姓名,并且要搞清楚其正确的读法。约翰·马森·布朗先生曾经在介绍时被称为约翰·布朗·马森，更有人荒唐地称他为约翰·史密斯·马森。加拿大的一名幽默家史蒂芬·吕科克在散文《我们今宵相聚》中谈到过自己曾经被这么介绍：

  我们大家都十分激动地期待着李洛德先生的大驾光临。通过他的文章，我们好像已经同他本人深交很长时间了。假如让我告诉李洛德先生，他的大名在我们市已经家喻户晓，我觉得一点也没有夸张。我感到十分荣幸，可以在这里向大家介绍——李洛德先生。

  查找资料的目的是确保介绍词的正确性，只有准确的介绍词才可以集中听众更多的注意力，让他们认可演说者。如果主持人准备不足，介绍词通常会像下面的例子一样含含糊糊：

  我们的演说者大名鼎鼎，被公认为是这方面的权威。我们很荣幸可以聆听他的高见，由于他从一个别的地方而来。向大家介绍他，是本人的荣耀。那让我们拭目以待吧，有请某某先生。

  通过这段演说词，我们可以看出主持人对于演说者完全不了解，他只是在毫无激情地敷衍了事。实际上，主持人只需用上一点时间来了解，就不会出现这样恶劣的介绍词了。

"题目——重要性——演说者"公式

"题目——重要性——演说者",这个公式对于绝大多数的介绍词都适用,指导你组织搜集到的材料:

题目,即说出演说的题目,并适当地介绍一下。

重要性,就是找出题目与听众兴趣之间的联系所在。

演说者,即列举出演说者的光荣履历,尤其是同他题目相关的荣誉,正确而清晰地说出他的名字。

这个公式还给你提供了发挥的余地,千万别按照某些规则生搬硬套。下面例子里的介绍人是位高手,完全执行了此公式。

这一介绍词由赫姆·桑提供,用来为新闻记者们介绍纽约电话公司副总裁乔治·韦伯:

> 我们演说者的题目是:"电话带给你什么服务。"
>
> 对这个世界的许多事情我都感到难以理解,比方说爱情、赌马者的乐此不疲等等,还有就是人们打电话时出现的奇事。
>
> 为什么你打错了电话?为什么有时候从纽约打电话到芝加哥,反倒比从家中打到山那边的另一个镇子更为方便?我们的演说者不光了解这些的答案,并且还是一个关于电话方面的"知道先生"。他将20年的精力投入在电话上面,按类归纳关于电话的种种资料数据,好让人们更清楚地认识电话事业。由于勤奋的工作,最终他

坐上了电话公司副总裁的位置。

　　现在，他要对我们介绍他的公司是怎样向我们提供服务的。各位如果最近对电话的使用很不满意，那就把他的演说看作辩护词吧。

　　女士们，先生们，让我们欢迎纽约电话公司副总裁乔治·韦伯先生今天来为大家演讲。

我们总结一下，上面的介绍词非常巧妙地使得听众联想起了电话。他先提出问题，引起听众的思考，接着说明演说者能回答这些疑问，以及听众可能会想到的许多疑问。

我相信这段介绍词肯定不是事先写下来并背熟之后再拿上去说的，或者就算是预先写好，读起来依然可以像平日说话那般顺畅。当然，最好别预先背好介绍词。有一次，一个晚会的主持人在要介绍克丽妮亚·斯金娜时，忘掉了预先背诵的词。她只好深吸一口气，说："因为伯德上将所要的演说报酬不合情理，我们今晚请来了克丽妮亚·斯金娜。"

介绍词要真诚、自然，最好是临场随意发挥，千万不要教条刻板。

从韦伯先生的介绍词里看不见一句华而不实的套话，比方说，"它为我带来多大快乐""下面我十分荣幸地向大家介绍"等等。介绍演说者时最好直呼其名，或者在前面加上"我介绍"。

许多主持人有说话啰唆拖沓的毛病，这会让人心烦意乱。一些主持人沉醉在总结正在进行一场辩论的幻想之中，企图显示自己地位重要。还有一些人酷爱说一些低级趣味的笑话，或为"哗众取宠"而胡说八道,盛夸或者贬损演说者的职业。如果主持人真的希望自己的介绍词起作用,就必须得改掉这些毛病。

还有一个例子,完全依照"题目——重要性——演说者"这一公式,使介绍词显得更富个性。有心的读者留意一下,在介绍知名科教专家兼编辑杰罗特·文德先生的时候,埃葛·L.思纳迪完全采用了这个公式的三个方面。这个介绍词如下:

此次演说题为"当代科学",这可是一个十分严肃的话题。他令我回忆起一则故事。这则故事讲的是一个精神病患者老是怀疑自己身体里有猫。心理医生不能向他证实根本不存在猫这回事,不得不装作为他做手术。麻醉剂的药效消失后,他醒了过来,医生拿了只黑猫给他看,并且对他说猫已经被拿出来了。可他的回答让人啼笑皆非:"对不起,医生,那整天骚扰我的是只灰猫。"

当代科学也是如此,你原本想抓只名贵的猫,最后却抓到一群小流浪猫。一名古代的炼金术士,现在可被视为第一个核物理学家,在临死的时候,苦苦祈求老天爷延长他一天的寿命,好让他领悟宇宙的秘密再死去。而如今的科学家,却揭开了先人们做梦也无法解决的宇宙秘密。

今天我们请来的演说者,通晓科学发展的现状和发展趋势,他曾经在芝加哥大学化学系担任教授,是宾夕法尼亚州立学院的院长,俄亥俄州的巴特尔工业研究所所长。他曾经以科学家的身份在政府部门任职,还当过作家和编辑。他出生于爱德华州的德温波特,从哈佛大学毕业。他曾经在军工厂磨炼,还周游了欧洲各地。

我们的演说者在科学界成果累累。在纽约"世界博览会"科学部担任主任时,他出版了自己的那部著名的《未来世界的科学》一书。他为《时代》《生活》《财富》等刊物做科学顾问,他对科学新闻的评论被众人称作经典。1945年广岛原子弹爆炸后10天,我们这名演说者的《原子时代》问世。他经常说的一句口头禅是"最伟大的时代终将到来",事实果然不出所料。我要自豪地向大家介绍,他便是各位期待多时的《科学画报》总编——杰罗特·文德博士。

介绍人对演说者几年前的辉煌经历大加吹捧,一直在朝演说者脸上贴金子,可怜的演说者常常会被这样的吹捧弄得晕头转向。

当然,反过来讲,太少的赞美同样不是明智之举。史蒂芬·吕科克曾经回忆某主持人介绍他时用的结尾:

此乃今年冬天系列讲座的第一场。此前的那个系列大家都清楚,并不是很成功。其实,我们是入不敷出地撑到年底。因此,我们请到了一些新人,他们都很廉价。下面让我把吕科克先生介绍给大家。

回想到这儿,吕科克只轻轻地说了一句:"试想,被称作'廉价人才',你在听众面前只能感到尴尬、自卑,当时心里很不是滋味。"

充满热情

在介绍演说者时,态度跟语言有同样的重要性。介绍人要尽可能地表现出友善,表现出源于内心的喜悦,而并不一定非得明说自己是多么高兴。如果介绍词能做到一步步逐渐递进,在临近高潮时说出演说者的姓名,这时听众心里最充满期待,他们肯定会给予演说者热烈的掌声。

听众的这种热情,也能鼓励演说者的情绪。

在说出演说者的姓名时,请留意三个关键要点:停顿、分隔和音量。停顿就是在宣布名字之前稍微停一下,这样能吊足听众们的胃口;分隔是指在姓与名字之间停顿一下,以有所区分,目的是为了让听众对演说者的姓与名有清晰的印象;音量就是指在宣布演说者名字时声音要强劲有力。

还要注意一点,在宣布演说者名字时,要面对听众,不要将头转向演说者,在名字介绍完毕后才能将身子朝向演说者。我曾经看到过数不清的主持人,他们的介绍词绝妙无比,却在结束时功亏一篑,他们在此时面朝着演说者,好像他只是在对演讲者本人宣布姓名,这种行为让听众茫然失措。

态度诚恳

最后建议大家,心中要满怀真诚,千万不要循规蹈矩,用嘲弄式的批评与低级趣味的幽默。不认真介绍,容易引起听众的误会。身处社交场合，你必须心怀诚意，这是使用社交艺术与技巧的基本条件。你自己也许十分了解演说者，可演说者对于听众却很陌生；你的不认真虽然并非恶意，听众可能误以为你是在有意诋毁演说者。

准备颁奖词

"事实证明，人类心灵深处最渴望自己的价值被认可，获得荣誉和赞扬。"

这句话源自作家麦乔丽·威尔森之口，他朴实地表达了一个普遍的真理。我们渴望美好生活，得到他人的赞美和褒奖，即便是两三句话，更不用说可以在公共场合接受别人的颁奖，兴高采烈是理所当然。

在网球明星埃尔荻·济伯森的自传中，他将这种"人类心灵的渴望"十分形象地换了种说法："我想成为大人物。"

在准备颁奖词时，我们要再三叮嘱自己获奖者是一位"大人物"，他在某些领域经过奋斗取得了成功，这一荣誉应该是属于他的，我们来到这里聚会的唯一目的，便是要给予他这一荣誉。

颁奖词要尽量朴实、简练，切不能粗俗、简陋。对于常常获得荣誉的人而言，这也许并不重要；但更多的人并没有如此幸运，一次颁奖或许让他永生难忘。

我们必须重视这一时刻。下面介绍三种实际有效的方法：

（1）阐明颁奖缘由，简单提一下即可。

（2）大致描述获奖者的日常生活，听众最愿意听到这个。解释为什么获奖者对此荣誉当之无愧,人们对他的贡献是怎么认同的。

(3)表示祝贺,并代大家祝福他取得更大的进步。

颁奖词就像一场简短的演说,真诚是基础,这大家都清楚,我不再多说。假如你被选为颁奖主持人,从某种意义而言,你就同那位获奖者一样,获得了荣誉。你的同事和朋友选择了你,让你来负责这需要智慧与毅力的重任,这本身便是对你极度的认可,大家信任你,知道你绝不会像某些演说家那样,犯一些不大不小的错误。

这时,最容易犯的错误是过分地赞扬某人的优点。如果此人的确当之无愧,那就实话实说,但切不要言过其实,因为吹捧会让获奖者自己感到很惭愧,听众心里对此更是明白。

同样,我们也不要将荣誉本身的重要程度夸大,不要突出奖品是如何丰厚,而是应该突出颁奖者的情谊。

答谢词里示真情

答谢词应比颁奖词更为精简,事先不用背诵,但至少得在脑海里想一下,这么做较为稳当。假如你事先知道自己是获奖者,也有相关准备,那主持人在说完颁奖词后,你就不会显得那么手足无措。

空洞而泛泛地说一些如同"谢谢大家""这是我一生中最重要的时刻""我有生以来经历的最让人激动的事"之类的套话,表明你必定没做准备。同准备颁奖词道理一样,含糊其词就是华而不实。"重要的时刻"和"最让人激动的事"言语太含糊。相对来说，用平缓的语气来表示自己内心真实的感谢会更好。对此，有如下几个建议可以帮助你：

对听众诚挚地说"谢谢大家"。感谢并归功于曾竭力帮助过你的人，你的同伴、上司、家人或者朋友。

对大家说奖励或奖品对你而言的重要意义。假如奖品是包裹着的，要打开展现给大家看。告诉他们奖品多么的漂亮，并让他们知道你将会怎样收藏或使用它们。

再次表示诚挚的感谢，答谢完毕。

第二章　如何安排长时间演讲

凡是大脑清醒的人都不会还没画好图纸就开始生产或者架桥。同样的道理，一个人在不知道演说的目的之前，不要信口进行演说。

演说就像旅行，一定要有明确的目的，事先做好计划。一个人随便从一个地方开始旅行，他往往没走多远就会放弃。

我非常想在全世界所有演说课的课堂门口挂上一块牌子，上面用朱砂写着拿破仑的传世名言："带军作战是门学问，运筹帷幄，才能决胜千里。"

这句名言对于演说技巧同样适用。演说者都得清楚这点，问题是，即便他们明白，他们将其付诸实践了吗？我觉得不一定，很多演说者只愿意花做一碗炖菜的工夫去准备演说。

什么是最有效的演说方式？在调查结果出来之前，不存在现成的答案。这个问题很常见，每个演说者都要反复地问自己。我们所提的意见不能保证一定有效。但我们还是要为大家提出，长时间演说通常有三个重点阶段：吸引听众注意、正文的措辞与结束语。这三个阶段各自有来源于实践的技巧，可以拿来参考并且因人而异地加以发挥。

迅速吸引注意力

我曾经咨询过西北大学前任校长林·哈罗德·胡，问他什么是演说中最重要的一件事。他思考了一会儿，说："想出一段可以吸引人注意的开场白，一开始就捕获听众的心。"

胡博士说出了演说艺术的真谛，身为演说者，怎样一张口便能捕获听众的心，这对说服性演说获取成功十分重要。这里有些窍门，只要将它们运用于实践，便可以让开场白变得十分吸引人。

建议一：用事例、事件展开演讲

洛沃·托马斯是闻名遐迩的新闻评论家、电影制片人、演说家。在一次探讨"阿拉伯的劳伦斯"的演说中，他的开场白如下：

> 有一天，我漫步在耶路撒冷的基督街上，偶然遇见一位男子，他身上穿着东方君王的华丽服饰，黄金弯刀别在腰间，据我所知这种刀只有先知穆罕默德的后裔才可以佩带……

他的演说就这么开始，开篇就是自己亲身经历的故事，这就是吸引人注意的巧妙安排。这种开场白十拿九稳，几乎没什么问题。这种开场白在一开始便设下了悬念，它将自动向前推进你的演说，听众之所以一直被你的思路牵引，是因为他们已经被你的故事吸引住，盼望了解"之后发生了什么？"

除了利用故事之外,我不知道还有其他什么开场白会取得一样好的效果。

我曾数次演说过一个题目,每一次我的开场白大概是这样:

> 离开大学校园后不久的一个夜里,我漫步于南加州菲农镇的一条街上,忽然见到一个人,高站在箱子上对周围的一堆人说话。我有些好奇,便也挤入看热闹的人堆中。此人说:"你们发觉没有?从来没有看到过一个秃头的印第安人?或者从来没有看到过秃头的女人,是吗?下面我来告诉大家这是为什么……"

你可能已经发现了,这种开篇没有停顿,没有靠层层铺垫来逐步勾住听众们的好奇心。你只需直接摆出故事,就能够轻松地抓住听众的心。

演说者用自己的亲身经历作为开场白,自然胜券在握,它不需要费尽心思,也不用灌输理念。你说的是你的亲身经历,是在再现自己的部分生命。你要满怀信心、从容淡定,就能与听众建立友好的关系。

建议二:巧妙设置悬念

鲍威尔·希利先生曾在费城的一家运动俱乐部这样开始他的演说:

> 大概一个世纪之前,似乎也是这个季节,一本书在伦敦出版了,它只说了一则故事。这本书注定要名留千

古,很多人称它为"全世界伟大至极的一本书"。它的出版就仿佛一石激起千层浪,人们在斯特兰德街或者普尔马尔街相遇时,肯定会彼此问对方:"你读过那本书了吗?"回答竟不谋而合:"是的,老天保佑,我读过了。"

这本书一出版,第一天就卖了1000本。没过两周,订单增加至1.5万本。从此之后,这本书被重印了无数遍,还被翻译成为世界各国文字。前几年,摩根花了一大笔钱将这本书的原稿买下。如今,它正同其他许多无价之宝一起躺在庄严的摩根博物馆里。

  到底是什么书如此举世瞩目?说到这儿,你还是无动于衷吗?难道你不着急想了解"后事如何"?演说者是不是吊足了你的胃口?难道你没发现这种开场白深深地吸引着你?并且随同情节的发展而渐入佳境?为什么呢?因为它利用了你的好奇心,设置了一个悬念,因此你被深深地吸引。谁能阻挡住好奇心?

读到这儿,就算你不在现场,也会好奇地问到底作者是谁?这究竟是怎样的一本书?好吧,满足你的好奇心,我把答案告诉你:此书的作者是查尔斯·狄更斯,书名叫作《圣诞欢歌》。

设置悬念肯定会激起听众的好奇心。在讲授"快乐的窍门"一课时,我也利用了设置悬念的方法,这也算是一个案例,我是这么开场的:

1871年春,一个青年捡到一本书。它阅读了书里的21个字,从此他的未来产生了深刻的变化。这位青年注定要成为世界闻名的医生,他便是威廉·奥斯勒。

这是哪21个字呢?这些字又是如何影响到他的未来的?听众非常渴望知道答案。

建议三:说一件有吸引力的事情

宾州州立大学婚姻顾问处处长克里夫特·R.亚当斯在《读者文摘》上发表了一篇题为《怎样寻找生活伴侣》的文章,文章中引用了一些令人惊讶的统计数字,这些数字让读者看后会屏住呼吸,自然会将他们的注意力牢牢吸引住:

> 现在,年轻人很少能从婚姻中获得幸福、快乐,不断上升的离婚率让人触目惊心。截至1940年,每5到6个家庭当中就有一个无法维持婚姻的;据估计,到1949年,离婚率将攀升至40%。长此下去,到了1950年,这一数字将达到50%。

还有几个例子是以引人注目的事实或者骇人听闻的事件作为开篇的:

> 根据国防部的预计,原子战争爆发的当天将会有两千万美国人丧生。

又比如：

前几年，为了调查顾客对零售商店的哪些地方会觉得不满意，斯嘉丽——霍华德旗下的报纸投入17.6万美元做了一项调查。这次就零售问题所做的调查，是到目前为止投入最多、方法最科学、范围最为广泛的一次。调查问卷送至美国16个城市，一共有45047个家庭做了回答。其中的一个调查问题是：你不喜欢本镇零售店的哪方面？

40%的答案是：店员态度太粗鲁。

语惊全场的开场白是一种同听众建立联系的重要方法，由于这一方法震撼了听众的思想，自然而然同听众产生共鸣。这是一种"震撼技巧"，用事实出其不意地震撼人心，十分容易就吸引了听众的注意力。

在华盛顿的培训课上，有一位学员就运用了这种激发好奇心的方法。她名叫玛格·希尔，她是这么开场的：

十年来，我一直是个自我囚禁犯人。那牢狱非同寻常，我担心自己太顽固，也害怕别人的批评，这就是我自己设置的禁锢内心的铁窗。

对于这种现身说法，难道你不想再多知道一些吗？耸人听闻式的开篇对演说者来说，有一个陷阱需倍加谨慎，那就是开场白太过于戏剧化，过于卖弄往往弄巧成拙。我记得曾经有个人一登台就朝空中开了一枪，他本以为这么做会吸引大家的注意，但结果却把听众们都吓坏了。开场白要平易近人，好像在与人促膝而谈。现在介绍一个十分有效的方法，看看你的开场白是不是真像日常聊天一般平易近人，那就是事先在饭桌上排练一次。

如果你感觉你的开场白在饭桌上的气氛不对头，就表示它不够平易近人，等你上了演讲台后，听众也将对它敬而远之了。

情况通常是这样，本来应该吸引听众的开场白，却经常是演说中最乏味的地方。比方说，我最近听到过这么一个开场白："要相信上帝，并且信赖你自己的才能……"这种教育式的开场白，可真跟白开水一样白！

可继续听演说者的下一句，你会觉得演说渐渐开始吸引你了，并且当中还蕴藏着一种力量，震撼着人们的内心："1918年，父亲离世，母亲新寡，要养育三个孩子，但是家中空空如也……"为什么？为什么这个演说者在开篇时不说这个寡母带着三个嗷嗷待哺的孩子艰苦生存的故事呢？

如果你想激起听众的兴趣点，千万别把开篇弄得跟序言一样，而要开门见山，话锋直奔故事的核心。《我怎样在销售行业取得成功》一书的作者富兰克林·贝杰便是如此开场的。他就是一位悬念高手，可以在开篇便设下悬念。在美国工商协会的资助下，他和我曾经到美国各地做巡回讲演，宣传销售技巧，因此我对他较为了解。他演说非常"热心"，开场白更是技艺超群，让我佩服得五体投地。他登台说开场白时，从来不说大道理、搞教育和训斥，也不做总结性的论述，开口就一针见血、入木三分。他在谈"热心"的时候，开场白是这样的：

在我成为职业棒球手后，很快遭遇到了一件事，带给我这一生中最大的震撼。

这种开场白效果怎么样？我在现场亲眼看见了听众们的反应。大家都拭目以待，盼望了解他究竟为什么会受到震撼，以及他是怎样应对的。

建议四：让听众举手回答问题

现场提问也是一个很好的方法，能够激起听众参与的兴趣。比如，我在讨论"如何防止疲劳"时，就曾经以一个问题作为开篇：

有没有谁在预感自己会疲劳时就已经疲劳了，请举起你的手。

需要注意一点，在让听众举手之前，应该先预先提示一下听众，让他们知道你要这么做。千万不要一上来就问："现场有多少人觉得应该降低个人所得税？请举起手来，让我们看看。"

应该这样说：

我想让在座的诸位举手来回答一个问题，这个问题对于你们来说非常重要。我想问："你们之中有多少人觉得购物赠券是对消费者有益的？"

这样就给了听众一个心理准备。

恰到好处地进行现场问答,从而获取听众珍贵的响应,这叫"与听众互动"。当你对听众提问时,你就不再是孤独地进行演说,听众也参与到其中了,话题立刻就公众化了。当你问"有没有谁在预感自己会疲劳时就已经疲劳了,请举起你的手"时,人人都开始思考这个让人喜爱的题目了:思考他自己,思考他的痛苦,思考他的疲倦。于是他便举起手来,还可能看看周围,寻找同他一样要举手的人,全然忘记自己仅是一名听众,他对邻座的朋友微笑着点头。现场紧张的气氛也马上融化,变得轻松起来。而你作为演说者,此时也一定是一身的轻松。

建议五:让听众知道你会告诉他们怎么去得到他们所想要的

抓住听众的注意力,另外一个方法就是让听众知道,假如他们按照你的建议而去做,就可以得到他们所想要的。下面是一些例子:

> 我准备教给大家怎样预防疲劳的方法,使得你们一天之中清醒的时间增加至少一个小时。
> 我要教大家怎样实实在在地增加收入。
> 大家如果给我10分钟时间,我保证我所介绍的方法非常奏效。

以这种承诺的方式开场肯定会引起听众的注意,因为它同听众的切身利益有直接的关系。演说者常常不关心演说主题同听众的兴趣有没有联系,他们没有注意到听众的兴趣所在,因此开场白寡然无味。有的演说者一开始先是讲明演说主题的来由，紧接着将背景一一说明，说得口若悬河，却同听众的兴趣点毫无关联。

演说题目对听众十分重要，可演说者的开场白如何说呢？他的开场白是不是说得十分巧妙，从而使题材的吸引力有所增加呢？如果他张口就背诵了一段长寿研究所的历史，立刻就让听众对他以及他的演说毫无兴趣了。如果他使用"承诺式"的开场白，结果会截然不同。不信请看下面的例子：

你了解自己有多长的寿命吗？根据保险公司的统计显示，你还能活的时间大概是80减去当前年龄再乘以2/3。比方说，假如你今年35岁，你当前年龄与80之差是45；那么你大致还可以活上30年……你对此甘心吗？当然不甘心，我们都想让自己能多活几年，来证明他的猜想是荒唐的。那你或许会问，我们应该如何去做。这个公式来源于几百万份记录。既然这样，我们能不能成为例外呢？答案是肯定的！只要我们积极地预防。

这个开场白逼迫你不得不认真聆听演说者，让你自己去想一想它有没有抓住了你的兴趣点。你必然想听，因为他不光是提起了你，并且是在谈你的寿命，答应对你说最感兴趣的一些事。像这种开场白对听众有不可抵抗的吸引力。

建议六：展示物品

将物品高高举起是吸引听众注意力的简便方法。就是乡下人和智障患者、摇篮里的婴孩，甚至商店橱窗里的猴子的注意力都会情不自禁地被这种有明显刺激性的举动所吸引。有时演说者用上这一原始的手法，即便是面对最不苟言笑的听众，也可以有很大的功效，举例如下：

有一次演说时，费城来的爱丽思一登上演讲台便把夹在拇指和食指之间的一枚硬币举给大家看。在场的所有听众都很自然地向他望去。然后，他问道：

"各位，谁曾经在人行道上拾到过跟这差不多的一枚硬币？这枚硬币不同寻常，它上面写道：凡是拾到这枚硬币的人都是幸运者，他会在各种房地产开发上得到很多减免优惠。你只需将这枚硬币交给主办的公司方就行了……"接着，爱丽思便开始批评这一荒唐且不遵守道德的广告做法。

前面所介绍的任何方法都值得赞赏，可单独使用，也可以综合加以利用。但要记住，如何做开场白，很大程度上决定听众能否认可你和你所提供的信息。

防止不利因素的干扰

引起听众的注意力当然是重要的，但是要保证这种注意力是正面的、积极的。请留意我讲的是"积极的"。明智的演说者当然不会张口就辱骂听众，或者讲些让人讨厌、恶心的话，从而激怒听众，惹起一大片骂声。但许多演说者却常常会用下面两种糟糕的方式来引起听众们的注意。

建议一：不要用道歉的方式开场

演说者如果一开场就道歉，那这场演说必然没办法出彩了。

我们时常听见许多演说者以没有好好准备演讲或这方面能力贫乏等为开场白。千万不要这样说，既然你没有准备好，听众自然会对你敬而远之。如果你做好准备了，就不用太虚伪，你的演说很快就会吸引听众的注意。你的道歉就好像在告诉听众，你为他们所做的准备实在是不值得，其实围炉闲谈里的一些材料就可以满足他们。不，不要对我们做任何抱歉。人们来听你演说，目的是为了获得新的信息或评论，并且从中获得乐趣，你要牢牢记住后面这一点：听众是来做什么的。所以，张口所说的第一句话就要吸引听众的注意力，并非第二句话，更不是第三句话。请记住，是开口说的第一句话！

建议二：不要用幽默故事作为开场白

你们会觉得有一种演说的开场白，深为观众所喜爱，但是在这儿，我并不建议大家使用这种方法，我们将其称作"幽默开场法"。由于某些可悲的原因，初生牛犊不怕虎，他们经常自认为插科打诨才能显示自己的优秀。也许他们生性就比百科全书还沉闷，但是当他们起身演说时，却仿佛觉得自己比马克·吐温还要优秀。切不要掉入这个坑里，你将发现自己会得到很惨的教训，你会因这次演说而尴尬不已，从而达不到任何预期的效果。幽默开场会令你苦恼不堪，也许你讲的这个幽默故事已经众所周知。

但是幽默感是每一位演说者珍贵的财富。演讲的开场白不能太呆板、太过严肃。如果你有能力通过下面的方法逗乐听众，比方说十分机智地谈到当地正在发生的一些事态，或者对前几位演说者做一个有趣的评论，那你就这么干吧。这种幽默很可能比那些牛奶、茶壶、丈母娘、小猫小狗等无趣的笑话更有效果。因为这种幽默与现场密切有关，是你的原创。

自我嘲弄也是一种制造愉快气氛的好方法，用荒诞和尴尬的自身经历来自我取笑，是幽默的精髓。杰克·班尼许多年来一直使用这种方法。他是最能嘲弄自己的电台主持人之一，他表演拉小提琴的样子成为大家的笑柄，他们嘲笑他的老态龙钟和贪心。就这样他发展了一种有丰富内容的幽默，使得他主持的节目的收听率一年比一年高。

当演说者用一种幽默的方式来贬损自己时，听众却打开心扉去聆听他的演说。反之，要是演说者狂妄自大，或者装作是博古通今的学者，那将会同听众产生距离感。

支持主题

在时间比较长的演说中，可能会用几个分论点来阐述演说主题。但如果想让演说引起听众的共鸣，使用的分论点越少越好，同时对每一个分论点都要准备好充足的论据。

在第七章我们曾经探讨过一种证明论点的方法，那就是通过列举故事或实例来说明，让听众认可演讲者的看法。这种方法深受演讲者的喜爱，它的突破口非常准确地同人们的心理相符，因为"人人都喜爱故事"。演说者常用的论据是一些故事，但这不是唯一的论据。除此之外，演说者还可以使用依照科学方法整理的图例、统计数据、援引权威专家的言论及类比、演示等方法，最终都可以达到相同的效果。

建议一：运用数据

数据是表现某种概况的结论。它有说服力，令人印象深刻，不能忽视的是，它可以当作证据，单个事例的效果根本不能与其相比。正是由于美国各地的统计数字起了说服效果，史莱克预防小儿麻痹的疫苗才为公众所认可。当然，就算个别无效的情况也必须考虑在内，不能盲目笃信，不然的话，史莱克的疫苗根本不能使父母们相信它能够保护自己的小孩。数字自身是没有生命力的，容易让人们厌烦，因此运用数字作为证据时，最好要使用一些生动的语言润色一下，来吸引大家的注意力。有则实例可以拿数字来做说明，与没有新鲜感的事物相比较，统计数字会给人们留下更深刻的印象。

我认识的一位主管觉得纽约人非常懒惰，并且到了听见电话铃声都不会马上去接的程度，这浪费掉了大把的时间。他这么说的依据是一组统计数据：

> 差不多所有的电话在被叫者接到之前都被耽搁了至少一分钟，因此，照这个数字估算，整个纽约一天之中大约有28万分钟被浪费掉了。如此半年下来，在迟接电话上所浪费的时间，就跟哥伦布发现美洲之后的时间几乎同样长了。

数据自身是不能让人印象深刻的，一定要用实例来辅助说明，效果才更好。有条件的话，最好用实例。我曾参观过一个水力发电站，导游本来可以直接使用数据来将发电站的占地面积告诉我，但他没有这么做，而是用了一种更具说服力的方法让我了解发电站的面积。他对我们说，发电站足足能够容纳一万人一起观赏球赛，除此之外，剩下的地方还可以做好几个网球场呢。

很多年前，在纽约市布鲁克林区青年基督徒协会的演说训练班里有个学生，他在演说中提到某年纽约有许多房屋被一场大火烧毁，但他并没有将被毁房屋的数目直接告诉我们，而是说，假如把这些烧毁的房屋排成一列，能够从纽约一直排到芝加哥。他还说，若是将丧生于火灾的尸体每相隔半里放一个，就能从芝加哥一直放到布鲁克林了。

他所列举的具体数字我早已遗忘，可是在这么多年以后的今天，我的记忆深处还保存着那一幕：大火一路从曼哈顿向伊利诺伊州的库克县冲去。

建议二：引用专家的结论

将权威专家的结论运用到演说之中，也可以有支持自己观点的功效。但在使用前，请您首先回答如下问题：

打算使用的专家结论正确与否？

你援引的这位专家是不是这个领域里的权威人物？比方说，你在探讨经济学时去引用约翰·路易的话，那么你明显是只图其名，而并未认真考虑合适与否。

所谓的专家在听众之中是不是人尽皆知，并有不错的名声？

这个专家的论点是来源于真实资料，还是出于自己的成见？

多年以前，在布鲁克林商会的训练课上，有位学员在谈到专业化的重要程度时，毫不迟疑地就援引了安德鲁·卡内基的话。这是明智之举吗？是的，因为他的引用恰当，并且他所引述的人有谈论成功学的资格，为人们所尊敬和认可。

让我们再来看看这段振奋人心的文字，因为到今天，他所援引的这段佳话依然值得我们反复温习：

> 我认为行行出状元，重点是要做到最好，才是成为状元的唯一途径。我不赞同全面出击的策略，就我个人的经验来看，很少有人能全面出击而取得成功。就算真的有，他也不可以一心多用，并且还成为获得财富的高手——特别是在制造业领域，我更加确定不会有这种人。那些成功人士都是专心致志地工作。

建议三：运用类比

韦氏字典将类比解释为："两件事物间相类似的关系，并不是指存在于事物自身的相似，而是两种或者更多的状况、性质或者功效的相类似。"

使用类比来支撑重要论点是一个可以让演讲出彩的很好的方法。如下这段话摘录自《需要更强的能量》，演说者是当时的内政部助理秘书吉拉德·戴维逊。

请留意他是怎样运用类比来支撑自己的观点的：

> 繁荣的经济浪潮不前进就会倒退，就好像不能飞的飞机就成为一堆破铜烂铁一样。而一旦飞机在天空飞翔，就真的如鱼得水，发挥它无可代替的功效。飞机要不想坠落，就必须得不断地前行，不然便不能在空中保持平稳。

这里另外还有个类比，它可能是演说史上最精妙的类比了。在艰难的南北战争期间，林肯用这个类比来回答攻击他的政敌：

各位先生，我请诸位来设想一下。设想你全部的财产都变换成金子，而你将它交给著名的走钢索表演大师伯罗勒手里，让他经过绳索将黄金带去尼亚加拉瀑布那边。当他正在瀑布上走时，你会不会使劲摇晃绳索，或者大声喊着催他："伯罗勒，再俯低些！快点走！"我相信你肯定不会这么做。反之，你会屏住呼吸，不敢有丝毫动静，直到他安全地走过。如今，政府所处的境况与他相同。它现在正肩负着巨大的重量，要横渡过波涛汹涌的海洋，而它手中正握着无数的财宝。它正不顾一切地工作。请勿惊扰它！只要闭上嘴，它就可以带着财宝安全到达彼岸。

建议四：运用演示。可利用演示物，也可不用演示物

一家钢铁锅炉公司的主管要对他的代理商进行讲解时，他们需要形象地说明燃料应该从火炉底部添加，而不是顶部。于是，他们想到了下面这个既简单又形象的演示方法。演说者先将一支蜡烛点燃，接着说：

请看这烛光燃烧得多么夺目，火苗蹿得多高！因为全部的燃料事实上都被转化成热量，因此火焰也并没有冒烟。蜡烛的燃料出自火焰下方，就好像钢铁锅炉的燃料是从火炉底部添加的。

如果这支蜡烛从上方提供燃料,火焰就会如同手拔的火炉那样。(讲到这儿,演说者便将蜡烛上下颠倒过来。)

请看看火焰是怎么被渐渐熄灭的,闻一闻这刺鼻的味道,听听它的声音。瞧这火焰,因为它燃烧得不充分,变得如此奄奄一息。直至最后,因为从上方来的燃料不充足,火焰只有熄灭的份儿。

几年前,亨利·罗宾逊曾经为《你的生活》杂志撰写了一篇有趣的文章《律师怎样才能赢官司》。文中叙述了一个叫亚伯·胡莫的人,他在一家保险公司做律师。胡莫在法庭上与碑波士特先生进行一场关于伤害的辩论时,就非常有效地使用了戏剧性的演示证据。故事是这样的:

波士特说在电梯通道上被人摔了一下,导致肩膀筋骨严重损伤,到现在仍不能抬起右臂。对他的伤势胡莫显得非常关心。"波士特先生,"他满怀信心地说,"请向陪审团演示一下你现在的手臂可以抬多高。"波士特小心谨慎地将手臂抬到齐耳的高度。"现在再向我们演示一下,你在受伤以前手臂能够抬到哪个高度?"胡莫这么诱导他。"这么高。"原告说着立刻伸直了手臂,举过了肩膀。对原告波士特先生的这番演示,陪审团究竟会怎样的反应,不用说就知道。

在那些劝服听众采取行动的长时间演说中，需要强调三至四个要点。向听众生搬硬套地讲述你的论点将令你的演说十分无趣，有何办法让这些论点鲜活起来呢？有采用的那些支持你的论点的材料，将让你的演说生动有趣、栩栩如生。利用实例、类比和演示，会将你的主要观点清楚地呈现在听众面前。利用统计数据和证词，能强有力地阐明事实，并且强化关键论点在听众心中的影响。

不能缺少的精彩结尾

有一次，我去采访知名的作家、人道主义者乔治·约翰逊，我们在一起闲谈了几分钟。他当时正在恩迪克特—约翰逊公司担任总裁一职。

闲聊中，他宽广的知识面让我十分地佩服，更令我惊讶的是，他还拥有如此精湛的演说艺术。他可以让听他讲话的人开怀大笑，有时候又可以让他们感动到垂泪，不止如此，他还可以让他的讲话内容在听众心中久久不能忘怀。

身为一家大型公司的总裁，他自己甚至没有一间专用的办公室。他工作的地方是在一个大而杂乱的工厂的一角，他说话的态度也仿佛老式木质的桌子那般厚道。

一看到我，他立刻起身表示欢迎，一边说道："赶得早不如赶得巧，我刚才又学会了一招。我已经决定了今天跟工人们开会的时候怎样做结尾了，我已经整理好了记录。"

我问道："你难道习惯于在演说前从头到尾都规划好吗？""不，实际上我没有全部都想好，"他说，"我只是确定了总的想法和演说结尾的方式而已。"

他并非一个专职演说者,从未用过较为专业的术语,也没有精妙绝伦的表达艺术。他是在丰富的经验中学会一些成功沟通的窍门。

他清楚,用一个完好的方式结尾是成功演说的基础。他认识到充分做好准备工作,采用特定方式让观众的印象更为深刻,是达到演说目的的关键。结束语确实是一篇演说中最要求战略头脑的位置。一个人最后所说的话,通常就仿佛余音绕梁一般,会在听众的脑海中留上更长的时间。与整篇演说的其他情节相比较来说,演说者的结束语是听众记得经久的片断。

与约翰逊不同,演说初学者很少意识到结束语究竟是如何重要,反之,结束语通常为他们所忽视。

初学者在结束语上往往有哪些容易犯的错误呢?

让我们来探究一些改进的方法。首先,我让大家看一个演说者的结束语:"对这个话题,我可以说的也就是这些了,我想,演说该结束了。"一般人演讲结束时讲"谢谢大家",以表达感谢。但以上的结束语,却是演说者黔驴技穷的一种表现,这并非一个结束语。这是一个低级错误,是业余演说者由于无能为力而欲盖弥彰的手段,请初学者不要犯这类错误。假如你想用这些结束语,那你还不如什么都不说,直接坐回原位。这样的话,至少在你结束后,听众们会感觉到有些意犹未尽,并且演说结束与否,听众们自然会以你的行动判断出来。

其次,有许多演说者陈述完演讲词后,却不知道该如何结束演说。我觉得,有这种烦恼的人应该向乔希·比利斯请教。他说:

"试图抓住一头强壮的公牛,就不要去抓公牛的角,而要先把公牛的尾巴抓住,这样你就轻易驾驭了公牛。"演讲者如果企图通过抓住牛角的方法来驾驭公牛,让公牛伴随其左右,这很难做到。这些人由于这种方式而使得整个演说的效果荡然无存,甚至带给听众很不好的印象。如何改掉这一弊病呢?要提前规划或准备好一个演说的结束语。当你面对听众时,你要做的是聚精会神地思考你正说着的话题,你不应该在承受演讲的巨大压力这个关键时刻去考虑结束语的事情。常识和经验告诉我们,必须要在内心平静、情绪稳定的时候做这件事,要在演说之前思考这一问题。

那怎样才能给演讲安排一个具有推起高潮效果的结束语呢?这里给大家提供几个建议:

建议一:总结性的结束语

长篇演说一般都涵盖几个具体的内容,结束的时候,听众一般对演说者所讲的内容不能从总体上来把握。然而许多演说者并没有观察到这一点。他们常常这样来假设:从他们的角度来看,自己演说中的观点是清晰无比的;观众肯定跟自己一样清楚。事实并不是这样!这个演说者用了很长时间来考虑自己的观点,从而归纳出一篇演说,而对观众来讲,这一观点是陌生的,就像演说者朝他们扫射了一连串子弹一般,在短时间里他们不能马上理顺思路。听众可以很快理解其中的某些观点,但有些观点,接受起来非常困难。莎士比亚曾说过,听众可以很轻松地记住演说里讲的一大堆东西,但大多是没有条理的。一个不知名的爱尔兰政治家针对这个开出了一剂良药:首先,让听众清楚你想告诉他们什么,再让他们知道所有你想告诉他们的东西。这些政治家极力推崇最后一点：你一定要为他们重新复述你的主要论点。

下面举个实例。一个芝加哥铁路部门的主管，曾经用这样一段总结性的话来作为他演讲的结尾：

> 总而言之，先生们！我刚才说的是有关集成设备的一些个人看法。这些观点和经验在其他许多地方都容易付之于实践，包括我们的北部、东部和西部分公司都已开始正式操作。声控操作原则依赖操作过程，而我最关心的是节省旧车维护费用的方法，这也是我想将这套操作运用于我们的南部分公司的主要原因。

你看，他就是这么强调已经告诉听众的内容。你可以很明白他说了什么，也可以清晰地想起他除这些之外说到的相关内容。他用寥寥几句话总结了他的演说，一共只有三句话，但却提炼了所有的内容。

你不觉得这样总结性的结束语很有效吗？要是你同意的话，那就在演说中将其付诸实践吧。

建议二：呼吁采取行动

提议听众采取某种行动是不错的结束语。上面的那个演说者希望听众如何做呢？就是让南部分公司尽早安装使用集成设备。他用来支持论点的依据就是可以节省开支，并且也可以节省维护旧车的费用。

演说者希望听众们有所行动，并且他也达到目的了。其实，它并不是普通的演说。这个演说在铁路委员会举行，它最终的作用是确保了集成设备的安装。演说结束前的几分钟，就是发出命令让听众采取行动的最佳时机。因此下命令吧！呼吁你的听众去贡献、去参加、去书写、去投票、去打电话、去抵制、去购买、去调查、去整理、去做你想要他们做的事。但至于你究竟要呼吁什么，一定要小心谨慎。

呼吁他们做些实在的事情。不要说就像"为红十字会提供帮助"之类模糊的号召，而应该说："今天晚上，你们每个人为美国红十字会交纳1美元的注册费用，红十字会位于本市史密斯大街125号。"

要求听众在一定范围内做出相应的反响。你不可能号召"我们来投票反对酗酒者"，因为我们并不想给酗酒者投票，这样说也不会有什么效果。你应该让他们参与戒酒组织，或者去帮助那些禁止酒精的组织。

你的命令让听众越容易实现越好。你不能说："我们来给国会写信，抵抗这项议案。"大部分听众不会按你说的做。他们对什么议案并不真的在乎。目标的实现若是太烦琐，会使得他们把议案置之不顾。让听众做些很容易就能实现的，并且干起来很开心的事。如何去做呢？给国会议员写一封信，上面写着："假如此议案被通过，我们能够理解，可我们但愿可以将第74321号议案否决。"你还可以在听众中传阅这封信，号召他们签名，这么做你才会获得很多的支持。

第三章　把语言的突破付诸实践

在第 14 期培训班的课堂上,我常常听见学员们讲,他们是怎样在日常生活中运用本书中所提到的演说艺术。他们发现使用这些演说艺术,对事业的帮助是非常大的。推销员表示他们的销售量得到了很大的增加,经理们说他们的业绩迅速好转,主管们则表明他们的领导能力在逐步提高。这所有的一切,都归功于他们在决策和解决问题时,已经擅长运用交流技巧来驾驭语言了。

理查·迪勒曾经在《今日演讲》里写道:"交谈、交谈的姿势、复述的次数及交谈的氛围……是工业沟通系统保持活力的源头。"R.弗莱德·康奈德担任通用汽车公司的卡耐基教程的教学工作,他也在这本杂志中写道:"我们兴致勃勃地负责通用汽车公司的演讲培训工作的最重要原因,是我们意识到,每个监管人员一定要具有教员的素质。从最开始面试一个职员,经过初期的训练阶段,再经过正式的分配工作与升迁,整个过程之中,监管人员需要不停地讲解、说明、申述、建议、指示,并一直要跟自己部门内的每一个人不停地交流和探讨。"

我们再次翻阅一下本书所介绍的演说技巧，它们将会在平日的交流当中非常有效地运用到。面对公众的成功演说的法则，可以直接在任何会议场合运用，这将大大有利于你把握会议的进程。

选择词句、组织思路、真诚地融入演说，都是确保你在最终阶段完美表达自己思想的要素。这所有的要素，都曾经在本书里细致地讨论过，现在则需要各位读者在各种会议上付诸实践了。或许你正在迟疑，应在何时将本书中介绍的演讲技巧开始付诸实践。如果你对这个问题的答案还不清楚，让我用一个词来告诉你：立刻。

即便你根本没计划或没什么机会进行公开演说，书中所谈到的原则和技巧一样可以运用在你的日常生活之中。如果分析一下自己每日所讲的话，你会惊讶地发现，自己在平日里说话同本书中探讨的正规场合的沟通，目的竟十分相似。在本书的第三篇里，我们曾提到，演说时要确立目标。也就是说你到底是为他们发出通告，还是想带给听众愉悦的心情，是让听众认可你的看法，还是要劝服他们行动起来。在面对公众演说时，我们尽可能让目标清晰明确，不管是在演说的内容或者态度上，都要如此。在平日交谈中，这些目的经常不停变换、相互渗透，并不固定。在某些时候，或许我们正在和朋友谈天说地，突然我们又凭"三寸不烂之舌"，为某产品竭力做广告，或者劝孩子将零花钱存在银行。在日常交流中，应用本书中介绍的技巧，你就可以更加有效地阐明自己的看法，并极具技巧，成功地号召别人，最终实现自己的目的。

在日常谈话中运用

我在这些技巧中拿一点来说明。之前我曾提议,你在演说中添加一些细节,目的是为了让你的想法生动形象地展现在听众面前。当时我主要是教你怎样在大众面前演说,其实,细节在平日交谈中也同样重要。我们所熟知的那些真正风趣幽默的语言大师,他们也十分善于使用图画语言!他们在谈话中添加了很多绚丽多彩、戏剧效果极强的细节!在训练说话技巧之前,先要有信心。本书前面章节所叙述的一切都非常有作用,它们可以带给你安全感,让你有勇气同别人相处,并且敢在非正式的社交场合中表达自己的想法。一旦你乐于阐明自己的观点后,你就将开始注意周围的一切,总结经验,并把它们拿来当作演说的材料。

家庭妇女们的谈话兴趣通常局限在自己的小天地内,但自从她们在聊天圈子里运用我们之前所提供的沟通技巧后,便纷纷激动地说起自己的新体会。"我觉得自己拥有了更大的自信,我也有胆量在社交集会时站起来发表言论。"一位名叫哈特的女士在演说培训班里就如此告诉大家,"我对政治感兴趣了。在那些正式谈话的聚会上,我再也不像以前那样感到害怕。我反而热情地参加聚会,我曾做过的一切活动都变成了谈话的材料。我发现自己不知不觉地对许多新的活动产生了兴趣。"

哈特女士感激的话语对我来说已经习以为常了。"学习"和"应用所学"的动力一旦被激发,接下来便是一连串的行动。十分活泼地展现出自己的个性,让你获得成功的良性循环从此产生。

就像哈特女士所说的，只要把本书中的一切原则付之于实践，就能够看到在实践中产生的惊人效果。

在我们之中，并不是每个人都是某个专业的老师，但是我们每天都要用许多时间来与他人交流。比方说，父母如何教育孩子、为邻居解释修剪蔷薇的新方法、同其他游客交换各自关于最佳旅游路线的看法等。

这所有的场合都需要说话，而且需要清晰的思维、顺畅的思考、强有力的表达技巧。在第八章里提到的通告式演说的技巧，也适用于这些场合。

在工作中运用

交流的技巧也会影响我们的工作，下面，我们来对这方面进行讨论。推销员、店员、经理、团队领袖、部门主管、教师、护士、牧师、主管、律师、医生、会计师或者工程师，都担负某方面的职责，需要为相关人员阐释专业领域内的知识，并与其沟通，或者对其进行职业性的指导。

能不能用明确清晰的语言来解释呢？这一能力也往往是我们的上司考察我们自身素质的标准。从事解释性的演说训练，能让我们学会迅速思考与灵活用词的技巧，这一技巧却绝不仅仅局限于正规的演说，它也可以被我们日常运用。明晰的语言、强劲有力的表达，正是我们日常生活的显著特点。不管你是在平日生活里还是在公开演说中，只要你能够善于使用本书介绍的技巧，一定会让你在家庭、教会、民间活动、公司和政府部门中如鱼得水。

主动寻找机会当众发表言论

在平日生活里，运用本书中的技巧和原则，将会得到意外的收获。你还需要寻找和利用每一个能够当众讲话的机会。如何才能达到目的呢？你可以参与一些聚会，或者大众俱乐部，不要仅仅只是做一个会员或者观众。你要发挥浑身气力，帮助处理委员会的一些工作，大部分的工作都是需要与人沟通的。试着做节目主持人，这将会使你获得访问社区里的优秀演说家的机会，而你当然也就需要担负起发表介绍词的职责了。这些都能为你提供机会。

最初，可以做20分钟到半小时左右演说的练习，以本书里的方法为指导，让组织或俱乐部里的人知道你打算为他们演说。募集基金的组织会寻找志愿者为他们宣传，他们会为你提供一系列演说的窍门，这将极大地帮助你准备演讲。很多知名演说家都是这样开始第一步的，当中的一些人有不凡的成就。就拿山姆·卢文森来说，他是一位电台和电视双栖明星，还是一位全国人民都希望一听为快的演说家。

他以前是纽约某中学的教师，平时喜爱关心自己的家庭、亲属、学生及工作之中不同寻常的方面，并进行简要的谈话。这些谈话竟在听众那里引起了强烈的反响，他就被邀请去对很多团体进行演说。尽管这些事务十分影响他的教学工作，但是他已成为很多电台节目中的特别嘉宾了。一年之后，他辞去教师工作，全身进入娱乐界。

坚持到底

　　学习如法语、高尔夫球或公众演说这种要求技巧的新事务，学习的成效是波浪形的，经过一段高峰之后会忽然止步不前，甚至可能会下滑，失去原来已经占领的高地，这一停步或者倒退的现象，心理学家称之为"学习曲线里的高原地带"。最初学习演说的学生，有时也会在这高原地带停留达十天半个月甚至几个月的时间。或许他们拼搏一番，仍旧不能继续前进。意志薄弱的人便因绝望而屈服，有勇气的人会继续坚持。熬过这一阶段后，他们会忽然发现，自己已经进入一个新的阶段，就如同飞机一样，陡然升入天空，得到了无人能及的自信。

　　或许你也会如同本书中其他章节所讲的那样，最初面对听众时，总会产生一些恐慌和心理上的紧张。哪怕做过数不清的公开表演的大音乐家，也会有同样的感觉，比如说帕德列夫斯基，当他刚坐在钢琴旁时，还紧张地捋着衣袖呢。但是等到他一开始演奏，他全部的紧张就仿佛8月太阳下的雾，消失得无影无踪。他的经历也可作为你在经历同样情况时的对照。只要你能够坚忍不拔，我相信，你的全部顾虑很快就会消失殆尽。包括起初普遍存在的畏惧感，在你讲完开始的几句话之后，就可以完全掌控住自己，自信而满怀激情地说下去。

　　一个年轻人要学习法律，却又不晓得怎样开始，便给林肯写了封信求教。林肯回答道："如果你已下定决心希望成为一名律师，那你就已经一只脚迈入了成功的大门。请记住，相信自己一定会成功的自信心，比任何其他的东西都更重要。"

林肯十分清楚这个道理，因为他就是这样走过来的。他在一生中所接受的正规教育总共不到一年。可阅读呢？他从来都没有停止过。他曾经徒步行走50里去借书。在他的小木屋中，总是燃烧着柴火，他会在火光下一读就是一整晚。小木屋的木头之间有缝隙，林肯通常会朝那些缝隙里就近塞一本书，等早晨天亮能够看书了，他便起床揉着眼睛，取出书本就开始如饥似渴地阅读。

他会行走二三十里路去听别人的演说，回家后，他四处练习，在田野中、在树林里、在商店聚拢的人群前面。他还参加春田文学与辩论协会，练习当时演说的各类主题。面对女性时，林肯会十分地害羞，追求玛丽时，他一般都是坐在走廊上默默地，只聆听她一个人讲话。但就是他，在自己的家里读破万卷书，四处磨炼自己，最终将自己锻炼成为一名卓越的演说家，进而可以与当时最著名的辩论家道格拉斯参议员进行竞选辩论，决一胜负。也就是他，他在葛底斯堡，接着又在第二次总统任职演说上进行了空前绝后的演说。

面对自己遭受过的艰难挫折和让人心酸的奋斗史，林肯会这么说："只要你已下定决心成为一名律师，那么你就已经一只脚迈入了成功的大门。"

"当有事情需要定夺时，"西奥多·罗斯福总统对着白宫总统办公室墙壁上悬挂的林肯肖像说道，"尤其是一些棘手而难以应付的事情，比方说一些牵扯到利害关系的事，我便会仰头看着他，想想如果是他，在此情况之下会怎么去做。这听来也许很荒诞，但的确是事实，这样似乎就更容易将我的问题解决了。"

为什么不尝试着效仿罗斯福总统呢？假如你意志消沉、情绪沮丧，试图放弃成为一个杰出的演说者了，可以问问自己，在这种情形下林肯会如何处理？而你是十分清楚他是如何应对的。在竞选参议院席位时，林肯被道格拉斯打败，后来，他谆谆教诲自己的拥戴者："不要轻言放弃，就算已经失败了一百次。"

获取成功以自勉

希望你能听取我的建议，每日早晨翻开此书，直至你牢牢记住了威廉·詹姆士教授的这番话：

> 希望年轻人不要担心自己受到多少正规的教育的结果，不管有多低的学历，只要他在平日的工作时间里，每个小时都踏踏实实地工作，问题自然会得到解决。他可以自信地期待着，在每个美好的清晨睁开眼时，发现自己已经是当代的杰出人才之一，不管他追求着什么理想。

只要你始终不停地、有计划地练习，你就会充满信心和希望。在一个美好的早晨来临时，你就会发现自己已经成了一位市里或者社区中杰出的演说家了。

无论这话听起来多么的不靠谱，但却是条真理。当然也有例外，假如他过分自卑，脑海里没有任何谈资，当然不会想象自己在未来的某一天，会变成今天的丹尼尔·韦伯。但就常理来说，这个断言绝对正确。下面我举个例子，大家可以看看。

一天，新泽西州前任州长斯多克出席我们的结业晚宴。他评价说，那晚他听到的演说，表现之好就如同他在华盛顿的参议院、众议院所听见的演说。那些"演说"者在几个月之前还是一些舌头僵硬、害怕听众的企业界人士。注意，他们只是来自新泽西的商人，而不是古时候的西塞罗，他们是在美国无论哪座城市都四处可见的商人。但他们却在一个美好的清晨来临时，发现自己已经加入市里的大演说家队伍之中了，甚至在全国来说都是优秀的了！

我认识很多这样的人，他们曾经竭尽全力，一心想要鼓足勇气当众说话。那些获得成功的人之中，只有极小部分是真正的天才，而大多数人则是自己家乡街头到处可见的普通人，但是他们坚持不懈。倒是那些天资聪颖的人，经常会气馁，有时对于物质利益太过计较，最终碌碌无为、毫无成就。就算资质一般的常人，由于有勇气、有理想，坚持不懈地前进，通常最终也可以站到最高峰。

这是符合人性和自然规律的。你难道没有看见过，在商界乃至其他各种行业当中，这种相似的事情时常发生？老约翰·D.洛克菲勒曾经说过，商业成功的首要秘诀是，忍耐并坚信成功时刻会到来。这也适用于成功演说的培训过程。

前年夏天，我从奥地利境内的阿尔卑斯山区起程，去征服一座被称为凯瑟的山峰。《贝德克旅行指南》里介绍说，业余登山者攀登凯瑟峰十分困难，最好是雇用当地向导。而我与我的朋友，的确只是业余爱好者，可我们并没有雇用向导。因此，有人怀疑我们毫无成功的希望。"肯定能成功。"我们回答。"为什么会如此自信呢?"那个人问道。"没有雇用向导却成功的先例存在啊。"我回答道,"所以我知道成功并非妄想,此外我做任何事情时,从来不去想失败了会如何。"

我们无论做什么事情,都要有这种必胜的信心,不管是演说还是攀登珠穆朗玛峰,都应该这样。你最初的想法在很大程度上影响着你成功的可能性。不如设想自己正在很自然地同别人说话,这对于你来说十分简单。有了坚信自己必将成功的心态,我们就离成功又靠近了一大步。

南北战争期间,海军上将都庞举出了一连串振振有词的借口,解释自己带领战舰驶入查尔斯港之行为什么会失败。法拉格上将专心地倾听着他的借口。"但还有一个原因你却没有提及。"他补充说。"什么原因?"都庞上将问。答案是:"你怀疑自己是否会成功。"

大多数在我们班上接受培训的学员,受益最大的就是自信——确信自己的能力,确信自己能够成功。在我们的奋斗历程里,对于我们还有什么比成功更重要的呢?

爱默生这么写道:"没有热诚,谈何伟大?"这不是文学上的一句空谈,而是通向成功的指示牌。

威廉·莱昂·费尔普斯是耶鲁大学有史以来最受尊敬的一位教授。他在《教书热》一书里说道:"对我来说,教书的趣味确实高于艺术或其他行业。这是一种狂热。我热爱教学,就如同画家爱好作画、歌手爱好唱歌、诗人爱好写作。清晨起床之前,我总是兴致盎然地想念着我的学生们。"

教师对自己的教学工作充满热情,对面前的劳作心甘情愿,他准会因此取得成功。费尔普斯教授之所以会对学生有那么巨大的影响力，主要缘由便是他将真实的热情和爱投入课堂之中。假如将此种狂热投入演说的训练过程中，你会发现障碍全无、一路畅通。这是一个挑战，需要你集中全部智慧和精力，跟同学站在相同的起点上，朝着相同的目标奋力奔跑。想一想你所拥有的那种自信和淡定从容的态度，想一想那种吸引听众的注意力，震撼他们的感情与劝服听众采取行动的成功体验，你将发现：在提高自我表达能力的同时，其他方面的能力也得到了提高，因为有效的演说训练是一条通向生活各个角落的康庄大道。

在致卡耐基教程的教师们的教学手册中，我写了下面一段话：

当学员发现已经能够掌控听众的注意力，赢取教师的赞扬及同学们鼓励的掌声时，他们真正地做到了这些。这时，他们已经培育了内在的信心，培育了胆识和镇定。对他们而言，这是崭新的体验。结果将会如何？他们会有勇气从事以前梦着去做的事情。他们不再把当众讲话视为噩梦。他们渴求活跃于商业和各行各业以及社区活动，最终变成当中的领袖。

在这本书里，"领导才能"曾经多次被提起。在现代社会中，准确、有力、满怀激情地表达是拥有"领导才能"的三个特点。其中，满怀激情地表达这一点，不管是就私人谈话还是就公众演说来说，都是最主要的特征。恰当地运用本书所提供的演讲技巧，不管是在家庭、教会团体，还是在公共部门、公司或政府，将毋庸置疑地帮助你在任何场合获得成功。

附 录

卡耐基的成功之道

洛维·汤姆士

那是去年冬天的一个寒冷夜晚,2500 名男男女女挤在纽约一家名叫"宾夕法尼亚饭店"的舞厅里。这家面积宽敞的舞厅,在 7 点半前已座无虚席。时至 8 点钟,仍有一些情绪激动的男女往舞厅里涌。

这个时候,所有的包厢都挤满了人,晚来一步都很难找到站的地方。他们工作劳累了一天之后,还要来到这个地方站一个半小时……这是为什么呢?

是欣赏时装表演,还是观看大明星登台现场演出?

不,全不是!他们是看到报纸上的一则广告,因好奇而来的。那是前一天纽约《太阳报》上占整幅版面的一则引人注目的广告。

那广告是这样刊登的:

怎样增加你的收入;

学习怎样有效力的说话;

如何使自己具备领导者的资格。

不管你信不信,在这个世界上最为繁华的都市里,在社会经济不景气,以致有 20% 的人依赖社会救济金生活时,2500 个人因为看到这个广告,离开自己的家来到了"宾夕法尼亚饭店"听演讲。

这个广告不是刊登在普通小型报纸上,而是刊登在纽约市资格最老的《太阳报》上的广告。《太阳报》的大部分读者是公司高级职员、股东、老板、企业家等经济地位属于社会上层的人,他们的年收入在 2000 美元至 50000 美元之间。

他们是来听由戴尔·卡耐基主讲的,一个最实用、最新颖、以"有效力的讲话,以及事业上影响他人的方法"为主题的演讲,这个演讲是由戴尔·卡耐基演讲研究会及人际关系讲习会主办的。

是什么原因让这 2500 名企业界人士来参加这项演讲研究会的?

难道是由于社会经济不景气,人们反而产生了强大的求知欲?

当然不是这样……卡耐基演讲研究会在纽约市每个季度都有类似演讲,已经进行了 24 年。

在这 24 年期间,已经有 15000 名以上的商人和工商专业人士接受过戴尔·卡耐基的培训。甚至像"西屋电器公司""马克意尔出版公司""白罗克联合煤气公司""白罗克商会""美国电气工程师协会""纽约电话公司"等规模庞大而观念保守的机构,为本公司的普通职员和高级职员的利益考虑,也在公司内部举办了类似的培训课程。

让这些已在小学、中学、大学毕业了十年至二十年的人,再来接受这种专业培训，很明显，我们的教育体制存在惊人的弊端。

他们要学习、研究什么？就这一重大问题，芝加哥大学、美国成人教育协会和联合青年会学校，曾耗费两年的时间，花费了2.5万美元，做了一次调查。

这次调查充分表明，成年人最关心的是自身的健康情况，其次是想更多地掌握人与人之间发展关系的技巧，他们迫切地想学习与人交往的技巧。他们并不想成为演说家，也不想听那些不靠谱的心理分析……他们想听到的是那些能够立刻在事业上、在社交上、在家庭中应用的建议与忠告。

这些方面的知识，是不是成年人需要学习研究的呢？

"是的，"负责此次调研的主管郑重地说，"非常正确，我们正是想给人们提供他们所急切需要的知识。"

但他们四处寻找有关这方面知识的书籍时，却发现从来没有人撰写过能够帮助人们解决在人际关系中遇到的日常问题的著作。

人类悠久的历史文化发展到现在，有关希腊文、拉丁文以及高等数学的高深著作极其丰厚，但这些著作在当前并不受普通成年人的欢迎。现在人们渴求的是那些指导自己解决日常生活中的人际关系问题的书籍，却完全找不到。

这就是为什么会有2500人看到那则广告，冒着严寒，抱着急切的心情来到"宾夕法尼亚饭店"听演讲。因为这里才有他们寻找了很久而没有找到的东西。

以前这些人在学校里看了很多书，学习了很多书本上的知识，他们相信只要拥有书本里的知识就能够解决生活中的一切问题。当他们在事业中经历了数年的困难与挫折之后，他们终于对过去所学的那些知识失望了！他们发现那些成功人士所拥有的知识，并不是从书本上能够学到的。那些成功人士善于言谈，能够影响和左右他人的行为与思想。

不久他们还发现，如果想做一名大型企业的总裁，人格魅力和交流能力比死记拉丁文和哈佛大学的文凭更为重要。

在纽约《太阳报》刊登的那则广告里明确指出，参加"宾夕法尼亚饭店"集会的人们将会感到对自己的人生"极有意义"，事实也确实如此。

15位曾接受过这门课程培训的人士，被请到主席台的扩音器前。主持人给他们每人180秒钟的演讲时间，让他们说出他们经历的各种事情。每人一用完180秒钟，主持人便砰的一声击响槌子，大声宣布："演讲时间到，换下一位！"

整个演讲的过程就像一群水牛在平原上迅速跑过，台下的观众就是为了欣赏这样的表演。

站在主席台扩音器前的，有连锁商店高级职员、面包商、商业公会会长、银行家、卡车推销员、化学品推销员、保险商、造砖公会秘书、会计师、牙医、建筑师、威士忌酒推销员、基督教科学施行人、从印第安纳保力司斯专程来纽约进修这门课程的药剂师、为了自己重要的三分钟演讲而从哈佛纳赶来的律师，这些人涵括了美国商业界的各个方面。

第一位上台演讲的人叫"奥海亚"，他生长在爱尔兰，只上过4年学，之后来到美国，刚开始从事机械方面的工作，后来换了职业。

到他40岁的时候，家庭成员逐渐多了起来，他没有足够的钱维持生活，便改行从事卡车销售的工作。奥海亚原来是一个很自卑的人，正如他所说的，他在走进一间办公室之前，总会在外面走来走去，犹豫很长的时间，直到心里鼓起非常大的勇气才敢推开办公室的门走进去。这份卡车推销员的工作让他觉得毫无趣味，当他失去信心，正想重拾以前的工作，回到机械工厂去时，他接到一封信邀请他去参加卡耐基有效力的讲话课程的研究会。

奥海亚并不愿意去参加这个研究会，他害怕自己在和大学毕业的人交往时会不知所措。可是他的妻子却一再要求他去！她说："或许这个研究会会对你有些帮助……上帝明白你需要这些。"奥海亚听从了妻子的劝说，来到集会的地方，但他还没有充足的勇气和信心走进门，当时他在人行道上站了5分钟之久才进去。

最初几次尝试演讲的时候，奥海亚紧张得昏天黑地。但几周之后，他面对听众时的恐惧心理已经消除了，并且喜欢上了这样的演讲……听众越多就越高兴！奥海亚的自卑感和对客户的恐惧心理从此消除了，月收入增加了很多。现在，他已经是纽约市的"明星推销员"之一了。

那个在"宾夕法尼亚饭店"的夜晚，奥海亚来到了2500位听众的面前，他无比高兴地讲述了自己成功的经历。全体听众被他的故事所感染，不时发出一阵阵愉快的笑声……在观众的眼里，即使是一个职业演讲家，也不会有他那样的演讲效果。

接下来上台演讲的是一位白发苍苍的银行家——梅雅，他是11个孩子的父亲。他首次参加卡耐基研究会讲习班培训的时候，发现自己的大脑一片空白，半天都说不出话。现在，他极好的演讲口才和幽默感向大家生动地证明，只有拥有与他人有效地交流的技能，才能成为一名优秀的领导者。

梅雅现在在华尔街工作，而在过去的25年里，他在新泽西州克里夫顿生活。在那时候，他极少参与社会活动，与他相识的人不超过500个。

自从参加卡耐基课程培训以来，与以前相比，他发生了很大的变化。有一次，梅雅收到了报税账单，看后，他发现账单上的数目很不合理，这让他非常愤怒。要是在过去，他只会在家里生闷气，或是对附近的邻居发点牢骚。但在这件事情的处理上，梅雅同过去大不一样。他立刻戴上帽子出门，来到镇里集会的地方，在大众面前指出税单上不合理的地方，将心里的愤怒发泄出去。

因为梅雅这次在愤怒中发表的演讲，克里夫顿镇上的人们都极力劝说他去参加镇参议员的竞选。他接纳了人们的建议，连续几周到镇上各个公共集会场所发表演说，指出当地镇政府许多政策的不当。

当时竞选镇参议员的有96个候选人，选举开票时，梅雅居然以绝对优势的票数名列第一。就在宣布他当选的这一天，他成为这个有4万人口的镇子的名人。短短几个星期的演讲，他认识的朋友，是他过去25年里认识的朋友总和的80倍以上。梅雅从政之后，他的经济收入和他以前相比，增加了10倍。

第三个演讲的是规模宏大的全美食品制造公会的会长，对着2500位听众，他讲述了当初在董事会站出来发表意见的缘由。

在卡耐基演讲研究会培训后，他的身上发生了两件惊人的事情：一是不久他当选为该公会的会长，二是他担任会长这个职位，要求他在全美食品行业的各个集会上发表演说，演讲摘要将由美联社刊登在全美各家报纸和商业期刊上。

在学习演讲后的两年当中，他为其公司产品做的免费宣传，比过去耗费 25 万美元做产品广告的效果还要好。这位会长坦率承认，过去他打电话到曼哈顿地区，邀请该区商业界主要人物吃饭时，会感到紧张和不安。可是，自从他有了到全美各地演讲的经历之后，现在那些人打电话邀请他吃饭，都会因感到占用了他的宝贵时间而向他道歉。

提高演讲口才能力是一个人成名和成功的捷径，它能使人成为大众瞩目的焦点。讲话能博得别人好感的人，能得到意料之外的功绩和成效，那是单凭他的真实才学所达不到的。

当前，成人教育运动风靡全国，本书的作者戴尔·卡耐基便是在此项运动中获得最强大力量的人。他曾听过或评点过的演讲比任何一个人都多。根据漫画家力波黎的一幅"你相不相信"的漫画，我们知道了卡耐基曾倾听、评点过的演讲，有 15 万人次。要是这个数字没有给人留下深刻印象的话，那么把这个数字做另一种比喻——那就是从哥伦布发现美洲的日子算到今天，几乎每天都会有一次演讲。再打个比方，要是所有在卡耐基面前做过演讲的人，每个人只花 3 分钟的时间，一个个地出现在他眼前演讲的话，他就必须花费整整一年的时间来倾听，而且在这一年里日夜不停，才能把他们的话听完。

卡耐基的事业充满了成功与挫折，他的经历让人感到惊诧，并且向人们证明，当一个人充满创造意识与事业激情时，是能够成就一种在平时难以想象的事情的。

卡耐基出生在密苏里州一个距铁路有 10 英里远的乡村，12 岁之前，他没有看见过电车；而现在，46 岁的他，对世界各地的情形,从香港到哈摩费斯特,已相当熟悉了,甚至有一次,他差点就到了寒冷的北极。

这个在密苏里州长大的孩子,为了每小时能挣到5美分,捡过杨梅,割过野草;而现在他组织研讨会、办讲习班、培训大公司高级职员发表演讲,每分钟能够挣到1美元。

这个曾经在南达柯托西部牧牛的孩子,后来在英国威尔士亲王的赞助下来到了英国,并在那里举行了他的精彩演讲。

他曾经有过6次在听众面前演讲失败的经历。在那之后,他做了我的私人经理,而我通过对卡耐基的训练,使他在很多方面取得了成功。

卡耐基在年轻的时候努力奋斗,就是为了受到良好的教育。那个时候,他在密苏里州西北部的老农场上,命途多舛,受尽磨难……他的船具被暴涨的河水冲走,船身被撞坏,年复一年的大水淹没农田,冲走稻谷。因为瘟疫,家里圈养的肥猪都死了,牲畜价格持续走低,牛骡卖不出去,而银行威胁他们,要取消他们家抵押品的赎取权。

因为对生活失去了信心,卡耐基病倒了,他的家人迫不得已,出卖了家里的田地产权,在密苏里华伦斯州立师范学校附近另购置了一个农场。当时,每天用1美元可以在镇子上获得食物和住宿,可是年轻的卡耐基却支付不起。所以,他只能住在乡下,每天骑马往返于学校和家之间3英里长的路程。在家时,他挤牛奶、砍木头、喂猪,点着煤油灯,在微弱的灯光下研究拉丁文动词,直到眼睛疲惫得看不清楚,累得低着头打瞌睡。

有的时候,卡耐基要到半夜才能睡觉,可是他把闹钟定在凌晨3点。他父亲饲养了一种优良品种的猪，在冬天寒冷的夜晚，小猪要是经受不了，就会有冻死的危险；因此，根据小猪的习性，人们一般会将小猪安放在有保暖设备的地方，并且在凌晨3点的时候，给它们吃下热乎乎的猪食。在那寒冷的深夜，卡耐基只要听到闹钟响声，就会毫不犹豫地从温暖的被窝里爬起来，把篮子里的小猪带到它母亲的身边，等它们吃完母乳之后，又将它们领回到火炉那里。

当时，他所在的州立师范学校，有600名左右的同学，卡耐基没有钱居住在学校附近，所以每天必须骑马回家，因为他没有适合骑马的服装，这让他感觉有点屈辱。这样的生活环境让卡耐基的内心蒙上了自卑的阴影，同时也使他迫切地想通过成功的方式实现自我价值。他看到学校里一些同学享有特殊的声望与地位，比如足球、棒球队里的球员，以及辩论会、演讲比赛中的优胜者，等等。

卡耐基知道自己是个没有运动才能的人，所以他下定决心要在一次演讲比赛上做一个优胜者。为了准备这个演讲比赛，他花费了几个月的时间苦练。在家和学校间的路上飞驰往返时，他坐在马鞍上练习；在家里干活时，他一边挤牛奶一边练习；他爬到谷仓里的一堆稻草上大声演讲，题目是"制止日本移民的必要"，洪亮的声音吓跑了一群鸽子。

虽然卡耐基费尽心思做准备，可还是一次又一次地失败，这让他失去了勇气和信心，几乎要去自杀！可是后来情况慢慢变了，他不止一次地取得优胜，学校里每次演讲比赛都是如此。

别的学生向他请教，经过他的指导和训练，也取得了优胜！

毕业后，卡耐基开始将他的函授课程出售给尼白雷斯加西部以及华敏东部沙山里从事农业和放牧业工作的人们。

卡耐基为此付出了极大精力和热情，可是却丝毫不见进展，他失望极了。中午，他回到尼白雷斯加的一家旅店里，因为失望而倒在床上失声痛哭。他多么想回到学校读书，远离这艰难的生活，可是他不能这样。他决心到奥马哈寻找别的工作，可是他连买车票的钱都没有，没有办法，只能搭乘货车；为了抵清车费，一路上他要为拉车的马喂食。

在奥马哈南部，卡耐基找到了一份为"亚马公司"贩卖咸肉、肥皂和动物油的工作。他负责达柯脱西南部地区，它属于印第安人村落间的畜牧地。卡耐基搭乘货运火车、长途马车，或是骑着马在工作的地区来往。晚上他在简陋的小旅店里住宿，那里套房之间只用一块布帘隔开。

他开始钻研阅读推销方面的书，有的时候，他骑着野性的小马去和当地的土著人玩纸牌游戏。他也开始学习如何收账。如果有从内地来的店主无法支付咸肉或者火腿的货款时，卡耐基就从橱子里拿一打鞋子卖给在铁路上工作的人，用卖鞋子的钱付清"亚马公司"的账单。

卡耐基经常搭乘货运火车每天行驶100英里的路程。每当火车停下来卸货，他就会赶到市镇里去，得到三到四个商人的订货。当火车准备启动，响起汽笛声时，卡耐基又匆忙地从市镇赶回来。他跳上火车的时候，车子已经开始缓缓移动了。

在这两年中，卡耐基的工作表现非常出色，可是他却在即将晋升的时候辞职了。之后，他到了纽约，在美国戏剧艺术学院搞研究，然后，又游历全美各地，还曾出演舞台剧。但是卡耐基明白自己的条件，知道自己不可能在戏剧表演方面有任何发展，于是，他再次回到了推销工作的岗位上，为"展克特汽车公司"做推销卡车的工作。

卡耐基在机械方面一窍不通，也不情愿费心研究，那段时间他情绪低落，过得很不开心，每天都要说服自己去工作。他希望能够有空闲时间，写他在学校的时候曾经想过要写的那种书。于是他再次辞职，决定到夜校当老师来维持生活，其他时间全部放在了写作上。

虽然卡耐基下了这样的决心，可是他却不知道要教些什么。他回忆起自己在大学里取得的成绩，他发现让自己自信、勇敢、镇静起来的，就是曾经接受过的演讲术训练，他从演讲训练中获得的与人沟通交往的能力，比他在大学所有课程里获得的还要多。于是，他请求纽约青年会学校给他一个机会，为社会各个阶层开设一个演讲术的学习班。

让一个商人变成演讲家？这简直是荒唐的事，太可笑了！纽约青年会学校曾经尝试办过这样的学习班，但是从来都没有成功过。

学校拒绝每晚支付2美元给卡耐基，但卡耐基依然愿意按收取学员的雇佣金的方法，来为这些人讲授培训课程。如果按照卡耐基自己的方式计算，那么被培训的人们在这3年内，要依照雇佣金的形式来支付卡耐基为他们培训的酬劳，这已经不是每晚2美元，而是每晚30美元了。

就这样，卡耐基的培训讲习班逐渐得到了发展。各地的青年会、其他城市的商业机构都知道了这件事，他们纷纷邀请他去演讲，于是卡耐基成了一个著名的演讲教授。他得以往返于纽约、费城白地玛等地方，随后又去了法国巴黎、英国伦敦。这段时间里，卡耐基撰写了《演讲与商业的关系》一书。此书立刻成为所有青年会、美国银行公会、全美信用人协会的正式教材。

现在，每一个季度到卡耐基那里接受演讲培训的人，比在纽约22个学院和大学所附设的演讲培训班学习的人还要多。

在演讲方面卡耐基有他自己独到的见解，他认为在情绪激动的时候，无论是谁，都能说得出话来。即使一个最软弱无能的人，在街上被人一拳打倒在地，他也能够立刻站起来说话。这一刻，他所显示出来的口才和激动的情绪，所说的话句句指向重点，当时的他，完全可以与大演说家威利姆相比。对此，卡耐基解释道：只要一个人内心充满热情与坚定的自信，那么他在众人面前发表演说就是非常容易的。

卡耐基说，要想让自己自信起来，就要做你害怕做的事情并得到一次成功的体验。所以，每天，卡耐基讲课的时候，都要强迫在座的每一个学生说话。来上课的学生都会互相同情，因为他们都有相同的状况。这样不断地训练，让他们增加了勇气、信心和热情，并且能够自然地将这些体现在他们私人的交谈中。

卡耐基可以告诉你，这些年他依靠教授演讲术所得的收入只是偶然而已，并不是他用来维持生活的全部。他说，他最重要的工作是帮助别人克服他们自身的恐惧，增加他们的勇气。

一开始，卡耐基设立的培训只有演讲，可是去他那里的人都是一些工商界的人士，而并非学生，那些人里有的已经30年没有进过课堂了。大部分去卡耐基那里接受培训的人，都是分期支付学费的，他们希望通过培训迅速取得成效，甚至能够在第二天的业务接洽或是公司的全体会议上运用他们所学到的东西，因此，他们要求培训的内容高效、实用。

于是，卡耐基开发出一种奇特的培训方法——将推销方法与演讲术、人际关系及应用心理学有效地结合起来。

卡耐基所建立的培训班，从来就不受死板的规则约束，他的培训课程真实而且有趣。毕业后，培训班的学员成立了一个俱乐部，每两星期都要聚会一次。费城就有一个19人的俱乐部，每年冬天聚会两次，这样已经持续了17个年头。他们中有的人开车行驶50英里到100英里的路途到聚会地点，其中一个在芝加哥的学员每星期都要赶到纽约参加聚会。

哈佛大学著名教授威利姆·詹姆士评价卡耐基的培训课程时说，普通人在生活工作中只使用了自己十分之一的潜能，而卡耐基通过自己开发的方式，帮助人们释放出自己的全部潜能，这是成人教育的一项极其重要的内容。

出品人：许　永
责任编辑：许宗华
特邀编辑：林园林
装帧设计：海　云
印制总监：蒋　波
发行总监：田峰峥
投稿信箱：cmsdbj@163.com
发　　行：北京创美汇品图书有限公司
发行热线：010-59799930

创美工厂
微信公众平台

创美工厂
官方微博